在阅读中疗愈·在疗愈中成长
READING & HEALING & GROWING

 **发人深省,直指内心**

扫码关注,回复书名,聆听专业音频讲解,直截了当地解释你心中的困惑!

[美]阿迪亚香提 / 著
雅桐 / 译

觉醒之光

The Impact of Awakening

中国青年出版社

谨献给

阿维丝·贾斯提
关寂照禅师
尼萨伽达塔·马哈拉吉

觉醒之光通过他们
将我的真实自性返照于我

目　录

001　　推荐序　光的指引 | 张德芬

003　　英文版序

007　　前言

009　　你是谁

013　　第一章　想要自由乃进化冲动

027　　第二章　不安全感和不可知

041　　第三章　禅定和修行

057　　第四章　超越要奋斗的冲动

067　　第五章　停止达成

081　　第六章　觉醒

089　　第七章　呈现：真正的不二

107	第八章	超越个人的爱
123	第九章	何为解脱
141	第十章	弟子和老师的关系
157	第十一章	关系
175	第十二章	质疑的勇气

推荐序

光的指引
张德芬

总有人妄图窥见真理，可是最后却连真理的影子也无法捕捉。多少人企图用觉醒来逃避自我，可殊不知这道光正是将自我返照回来的镜子。

终于等到了阿迪亚香提的这本小书，真实、犀利、透彻，每一段都让人止不住的反复琢磨，想参透其中隐藏着的种种道理。然而阿迪亚香提给提问者和学生的建议却是，不要妄图揣测，也不要妄图去找寻开悟，你只需等待着你的自性显露。

我们的心智、念头永远都在向我们传达着某种观念，然而这些观念在某种程度上来说正是一种封闭，它封闭了你想窥探的真理之门。正如书中所说："停止和静默不需要任何作为、任何努力。"因为它就是寂静。

阿迪亚香提的这本书真的谈不上简单，但是内容却非常精炼、直截了当，让我在阅读时不禁时时感慨："啊！我就是想问这个问题！"总结和对话之间的穿插也带来了绝妙的阅读感，仿佛我就站在阿迪亚香提的身边，他的言语进来，我只需静静聆听。

觉醒就仿佛一道光，总有人执迷于这道光，他急于想看穿，想悟道，想挣脱。但是光就在那里，无论你追随或静止。

且当它是一道指引吧，就如同这本书一样。

英文版序

当我还是个禅和子的时候，我学会分辨什么是"活话头"，什么是"死话头"。我们读到听到的大部分言语都了无生气，根植于概念中，吸引的是心智。当然了，这样的"死话头"在相对层面起到了重要的作用，帮助我们在日常的人事中顺利沟通。

然而，我们还需要"活话头"，它超越身体—心智系统，指向源头，从相对的现实世界中升起，须臾不离。在那些了悟了不二的伟大上师和圣人的教诲中，我们会发现"活话头"比比皆是，例如：拉马纳·马哈希、尼萨伽达塔·马哈拉吉等，他们话语的威力能使心智短路，能点燃灵魂，让我们加速领悟自己的本来面目。佛教金刚乘将这样的话语称作"窍诀"或"心髓"。让·克兰则说这些话语浸透了来自其源头的芬芳。

萨桑，是人们聚在一起谈说活话头的场合，它的字面意思就是"相聚在真理中"。我们彼此谈说真理的时候,就创建了"萨桑"。本书所记录的是一份不算长的萨桑对话集,显示出阿迪亚香提正是这样一位活话头大师。尽管阿迪亚香提在美国的禅师们那里进行过多年的严格修行,他却并不使用禅宗的术语。像那些古代的伟大禅师一样,阿迪亚香提打破了常规佛教用语的束缚,他的话语清新、随机、生机勃勃,直截了当地发自存在本身。

阿迪亚香提充满热情地呼唤我们觉醒,认识自性,而不是认同身体、感觉和心。不仅如此,他给出了"呈现"这一说法,那才是他更关注的问题。当代某些吠檀多不二论老师认为一旦瞥见实相,觉醒就完成了,阿迪亚香提却与之针锋相对,提供了非常必要的见解。

阿迪亚香提指出觉醒是个不断开放、不断深入的过程,永无完成之日。在这个过程中我们会时时面对旧有的模式,这些模式给我们带来困苦,过去的经历浮现,让我们泥足深陷,需要我们去解脱、放下。随着解放的不断深入,我们的生命越来越成为那不可思议的神秘的显化,我们就是那不可思议的神秘。残存的分离感不断消除,呈现愈演愈烈。觉醒在持续,然而却并没有一个觉醒了的我。

我和阿迪亚香提共度了许多时光,让我印象深刻的不仅是他拥有最精微、最深刻的亲身证悟,更是他那貌似永不枯竭的能力,让他在萨桑中无论何种情境下,都永远充满爱,懂得他人。当他与人对话时,他能穿透人心,在觉知的光芒中,一层层的妄见消解,活生生的当下显现,清晰、明澈。他活出了他所教诲的,他的方法是真正的不二。没有任何东西遗漏,连自我都没被遗漏。

我相信,这本薄薄的小书只是这位活力充沛的年轻老师一系列著作中的第一本。祝愿他的"活话头"能帮助众生觉醒,了知喜乐与圆满的真实自性。

斯蒂芬·博迪恩
加利福尼亚,米尔谷
2000 年 3 月

前 言

本书最初写于13年前，当时我教学约有三年了。自那以后，虽然又过了许多个年头，我又写了若干本书，也一直在教法，这本《觉醒之光》仍是我最钟爱的作品之一，因为它直截了当，心无旁骛地直指觉醒和解脱。

这本书中的教导不是对实相冗长繁复的讲解，而是将言词之箭精准地射向读者的心，意在激发诸位内在的洞见与醒悟。犹记最初讲学的几个年头，我希望自己说的每一句话都能产生冲击力。至少，我是如此满腔热忱地孜孜努力。岁月荏苒，阅历带来成熟，我的见解更深入，也更微妙，但是这本书中展现出的富有激情却又简单直接的教导，依旧令我欣赏。

本书的内容来自连续两个晚上的对话，约有十来个学生聚集到当时我和我妻子穆克提居住的小木屋中。小小的木屋勉强容下我们，大家肩挨肩挤在一起，谈了整整两晚，所有的参问和讨论都真诚亲密，深刻有力。谈话的内容几乎未经编辑，以当时的原样呈现在本书中。我希望读者能身临其境，感受到我们当初共度的那两个夜晚和那激励人心的气氛，一起来到永恒的当下，万法齐现，永远初次的呈现。

——阿迪亚香提

你是谁

你,
超越身体—心智,和人格,
超越一切体验及其体验者,
超越这世界及其感知者,
超越存在及不存在,
超越一切论断及否定。

静默,醒来,领悟你是谁。

不是分离的自我,
你是那殊胜的实相,了了分明,
在万法中彻然朗照,就是万法,超越万法。

回到那无形的源头,

你超越了分离，
别停下，别抓取这源头，
你要继续，抵达最殊胜的领悟
超越一切二元，
却不会否认哪怕一粒微尘。

觉悟的圣者安住于永恒的观，
全然疏离，却全情投入，
超越一切定义，
既不执取那超验的自由，
也不迷于二元的世界；
以此，生命即一。

殊胜的领悟，活在对此完满的信任中，
觉悟的圣者无得无失自然呈现爱，
智慧，和慈悲——

没有任何个人的有为。
弃绝一切概念、名相，
觉悟的圣者活着，他是永恒当下的意识，
在时空的世界里显化，亦被显化。
恒常，恒新，全然。

在了了分明的领悟中，
殊胜的实相在万法中明觉地照耀就是万法，
超越万法。
彻然朗照，穿透了整个宇宙。
穿透整个宇宙，
自性自觉它自己。

第一章
想要自由乃进化冲动

~

不要追寻你所渴望的，
去探寻渴望本身源自何处。

~

想要自由的冲动是意识本身进化所迸发的火花，源于自我的范围外。这一冲动趋向神圣、合一、全然。它起源于实相本身。自我通常会吸纳这个进化冲动，创造出一个灵性追寻者的幻象。这一冲动，其本质纯粹而天真，本身和任何寻求都毫无关系。自我吸纳了这个冲动，然后试图获取，只有在这时，追寻者才诞生。几乎同时，这一冲动，这一进化之火，就被求取所污染，在求取中产生了追寻者。

～

问：那么一个人怎样才能不偏离冲动本身？怎样才能停留在冲动中，而不是去努力追寻？

答：看清楚那是个冲动，不要将它解读成来自于匮乏，你要这样停留在冲动中。匮乏感是自我对这一冲动的解读，从这种解读中立刻就会产生一个分离的、迷失的追寻者。这个冲动是内在的推力，要进化，要完整，要自由。它从你的真实本性中来，从你此刻已经具有的神性中来。

问：就是说进化的推力被解读成了匮乏。

答：是的。冲动其实不是因为匮乏，而是进化的火花。从这一点上说，它来自圆满，来自本自具足。要自由的冲动直接来自自由，是自由本身开始在意识中作用了。进化就是从无明的误解、妄见中出来，领悟自性，进入智慧。要自由的冲动是因智慧而起的。

~

问：想到我有可能开悟，这多狂妄啊。我都不敢幻想一下那个可能性，我怕我会失望。我怎样才有可能配得上开悟呢？

答：大好消息是：你不必配得上开悟。没人配得上。尽管没人配得上，它却仍被给予。开悟太浩大了，无法配得上。谁配得到开悟？谁是和它分离的独立体，可以去配得到它？那是爱啊，配不配根本不值一提。没什么可以把你驱赶到你的真实自性之外。

你必须让自己谦卑。谦卑可能瞬间就会发生，也可能你得花上一辈子才发生，没关系。总之，等你足够谦卑，你就回到了什么都不是，就见到了那完满的什么都不是，也就见到了万事万物。见到之后，要紧的是你得忠于你的发现，不要跑开，不要说："不，不可能是我，我不行的。"

～

问：我想搞清楚一些。那个灵性追寻者，它是不是就是个纯洁的显现？想要自由的冲动的纯粹显化形式？

答：冲动始于纯粹的追寻、好奇，或者说渴望，然后自我迅速污染了这些，变成了向自身之外寻求某些东西。追寻者诞生了。其实只有追寻，没有追寻者。问你自己：这个冲动，这个想要自由的渴望是从何而来的？去到它的源头，到一切渴望升起之前的圆满中。

～

问：这样的追寻似乎是由想要自由的冲动自然生发的，那它是注定必会发生的，还是只在少数人身上发生？

答：可以说想要自由的冲动是注定的，因为它并不来自于自我。它是非个人性的。说它是非个人性的，意思是它和作为分离实体的你没有关系。从这个意义上讲，它可以说是注定的。但是所谓命中注定也是自我创造的又一概念而已，在时间中存在并运行。自我能得出的结论都和时间相关。在自我之外根本没有注定或不注定，因为如果你在自我之外，你就在时间之外。想要自由的冲动不是只属于少数人的。许多人都收到召唤，只不过响应者寥寥无几。

～

问：为了觉醒，我最该做的事是什么？

答：和一个开悟了的老师在一起，聆听。这个意思是说，不要用心智去解读话语。让言语进来，不去思考它们，不要试图理解它们，那样它们就能穿透到心智所不能到达的地方。不是让你的心智听到，是让你的自性听到，那样就能召唤它们所要召唤的——自性。如果你不将这些话语阻截在心智中绕来绕去，它们就会超越心智，进入寂静，进入灵魂。

～

你不是个迫待解决的错误或问题。
看见你自性的真实光芒吧。

～

问：想要自由的冲动是对谁发生的呢？

答：想要自由的冲动是意识本身发起的，这表示它不因任何东西而起。这是关键。通常想要自由的冲动一升起，论断也立刻就有了，觉得它是针对"我"而发起的，这个"我"在有限的边界内。实际上念头之外，并没有一个分离的我，没有边界，只有自由。

问：这个我，这个身体-心智机制，在自由发展至成熟的过程中是不是必需的呢？自由是会成熟圆满的吧？

答：只有不再认同身体-心智，自由才会成熟。那就是圆满。

问：如果自由是不再认同概念化的我，那么这个我是不是应该放弃想要自由的冲动？

答：不对。应该放弃的是这个"我"。想要自由的冲动是非个人性的，它无法被放弃，也无法抓住不放。回到冲动的源头。这会带你超越这个"我"。

问：显而易见，自我抓取了这个冲动，这会不会阻碍"我"的消失？

答：会。正因为自我会立刻污染这个冲动，绝大多数追寻者都如此。想要自由的冲动一被污染，追寻者就诞生了。对大多数人而言这是无法避免的，这里没有责备的意思。

问：污染就是自我在说："这是我的；这是我。"把什么都弄成个人性。对不对？

答：对。不过要牢记在心的是尽管我们用"污染"这么严重的词，实际它的意思只是"天真的误解"。从这个意义上说污染不过是无知的表现，天真的误解。别把自我储藏室的东西当成你自己。你不是自我。你是以自我为形态的意识。

~

在很大程度上，开悟取决于你相信这一世你是为自由而生，相信就在此时此刻，自由即可实现。此刻你就能发现存在的真相，而心智，创造了过去、未来，将此刻与你隔开。自由与平静永远都在此刻。此刻，你体验到静默，这就是时时刻刻。别让心智将你骗到过去和未来，待在此刻，大胆地想：我现在就能自由。

~

问：我要问的是关于选择。我觉得人其实没得选择，除非梦自己要醒来。

答：说我有选择也好，我没选择也罢，都是心智的概念，没有一点真实的意义。实相无法存在于任何概念中。

问：想要自由的冲动有其范围吗？

答：没有范围。冲动来自无限。如果你有了想要自由的冲动，想开悟，想知道上帝是什么，说明在某种程度上那永恒无垠已经侵入了梦境，那个叫作"我"的梦境。

问：那么范围不过是另一个概念。

答：对，概念创造范围。概念就是范围，将你围裹住。心智持有的任何概念，比如自由意志和宿命、有选择和没选择、自我和自性，等等，都造就范围、限制、牢笼和幻象。

问：那整个过程中自我有没有积极作用呢？

答：自我既不积极也不消极。这只是些概念，为了制造出更多的界限。自我就是自我，真正糟糕的是你，一个灵性追寻者，却已经假设自我是坏的，是敌人，是要被摧毁的。这样只是更加强化了自我，因为所有这些论断本身就来自自我。别理这些吧，不要陷入和自己的战斗中，就只参问你是谁。

～

那一直都在的，是最容易被忽视的，

因为那既不是一样东西,也不是一种体验。

～

问:你怎么会知道自己的冲动到底是真的想要自由的冲动,还是什么别的冲动呢?

答:这个星球上生活的每个人都想要快乐。不管是属灵的瑜伽行者还是吸毒的瘾君子,都要快乐。前者用明智的方式,后者却糊涂无知,但二者皆是因为冲动。

想要快乐,或想要自由的冲动如果尚未成熟,它表现出来的是各种成瘾症,各种各样的欲望与形形色色的沉溺。但是当这一冲动成熟了,就不再表现为那些形式了,不再从任何地方逃开。当一个人认识到我所有用来求取快乐的办法,所有用来求取自由的办法都是没有用的,在他认识到的那一刻,那个冲动就从极不成熟转为成熟。

问:这样说来,当这个冲动成熟了,是不是就自动固定在想要自由这一意愿上了?

答:一旦这冲动真正成熟,就再也不受制于意愿了,连灵性上的意愿都不能支配它。

关键是,连想要自由的冲动和渴望也不再会驱动你了,你最终会达到这一步。冲动已经完成了它的任务,它圆满了,平息了,安静了,停止了。如果冲动只是完成了部分,哪怕是很大一部分,自我多半仍然会死死地抓住它,以扭曲的方式来拯救自己。所以最终,这冲动必须全面圆满。圆满,意味着我们死心了。它不再需要推动任何东西了,因为我们已经成为冲动,成为那个火花,成为那个唯一的自性。

~

问:这个将你向外带向客体世界的渴望,是否会在某个时刻转为向内的渴望?

答:会,它会转化。然而最终你连向内的渴望都不再有了。你想让冲动将你了结在追寻之路上。这才是冲动的真正意义:让你结束在路上。死心,就是找到了自性、无限。

第二章
不安全感和不可知

~

一无所知的不安全感是通向神圣之门。

接受这恩典,

一切智慧都将归于你。

~

不安全感和想要自由的冲动如影随形。既然冲动来自于心智之外,当然会使心智感到极度不安。大多数灵性追寻者都会通过设立一个远期精神目标,然后苦苦追求,以此疏解不安全感,他们以这样的方式逃避。想要自由的冲动起源于那不可知的,为了消除不安全感,为了避免直面那不可知,自我创造了灵性追寻者作为逃避的手段。这是心智编剧的一出相当聪明的大戏、一场魔幻演出。

~

问:追寻自由本身就是自相矛盾的,对吗?

答:想要自由的冲动既然是来自心智之外,来自"我"之外,对心智和我而言,就是全然不可知的。为应对这样浩瀚的不可知,这样的不安全感,心智的办法就是转为寻求。对大多数人来说,想要自由的冲动只是更加固化了分离自我的感觉,而不是带他们超越自我。追寻开始了,而所谓的追寻者,和所追寻的分开来,其实纯粹是心智造出来的。你不是追寻者,你是那所追寻的。你是自性。

问：追寻者这一幻象，就是因为抗拒想要自由的冲动而产生的假象吧？

答：是的。不要在你之外寻找；要找的东西就是你。静止，然后一切都会来到。

问：如果不再有抗拒，我们就能接受想要自由的冲动？

答：最重要的就是接受它。冲动仿佛是意识植入到这个"我"中的种子，你该做的就是接受这颗种子。就是说，面对想要自由的冲动，最真挚、最成熟的反应是停下来，静下来，不要动，让它湮灭你。根本停不下来的是那个追寻者，然而你不是追寻者。

～

你必须要留意那寂静的背景，而不是只看见表象的前景：想法、情感、声音、气味，等等。大部分人只关注前景，即五种感官带给他们的东西，然而自性是在背景中发现的。自性是现象升起的源头，一切现象，从最精微的情绪体验到最粗钝的物质，都起于自性，也在自性的舞台上呈现。

停留于背景，将你自己交付于它，你就能品尝到你的自性。实际上，你是将"你自己"这一念头交付于真实自性。念头不过是从寂静中升起的，因此你将它还给寂静。

~

问：我想问的是，在追寻者形象固化之前，追寻已然开始。想要自由的冲动会引起感觉上强烈的反应……就像是，温度过高的时候，你就会想逃离。我觉得冲动也一样，里面本身就有要我们折腾的欲望，也许是要我们进化，或者通过我们完成进化。你的本能反应就是要去追寻，又如何能面对着它保持静默，不动？

答：你要明白，如果你想要那个冲动成熟圆满，你就得跃入高温中，投身到烈焰里，不要向任何想要逃离的本能让步。你就是得待在炉子里，让冲动之火炙烤。

~

问：我们中不少人都经历过好几次强烈的、长时间的恐惧。我自己的感受是,那是种不存在、什么都没有的恐惧。感觉这恐惧是和"看见不可知"一起升起的。怎么才能坚持看着那不可知,直到看见那就是我们?

答:参问"是谁在看?"那正在看的和那空性,是不一样的东西吗?

问:不。实话说,不是不一样的。

答:认识到这一点后,恐惧怎么样了?

问:消失了。

～

问:不可知激发了人的不安全感,那么我们该如何避免因不可知而陷入不安全感呢?

答:不可知所引起的不安全感,恰恰是不应该避免的啊。追寻的圆满正是存在于不安全感中,在不可知中,在神秘中。只有在你完全停留于不安全感,停留于不可知时,圆满才会露出它的真面目……那就是美本身,超越一切恐惧。全然的安全感从全然的不安全感中升起。安全感也好,不安全感也好,针对的都是个人化的、分离的我。而我是谁?个人化的我消失,一切恐惧消失。

~

问:我自己看那个不安全感,发现里面什么都没有。

答:可是里面是有东西的啊!意识在,觉知在,那无形无相的在,那无始无终的在,永恒的有在,爱在。只有心智会看看空性,说:"什么都没有。"这话的实际意思是:个体的"我"不在。

问:是哦,我就是在找"我"。

答:(大笑)正是正是。既然找不到那个我,不就是自由吗。你说的这些正好显示出心智除了它本身之外还关心些什么:一样都不关心!(大笑)这正好可以让你看看心智关注的是什么。

~

问:你能说一下对不可知的恐惧吗?说一下因为不能

尽快成就而产生的沮丧吧。

答：沮丧是因为你有所求、有意图、有期望。你在期望些什么？

问：摆脱一切束缚。

答：没什么束缚要摆脱。束缚都是些概念而已，都是念头、信念，是你从小到大被教导的那些概念。

问：那么一旦你领悟到那些都只是概念，你就跳下了悬崖？

答：是的，如果你是真真正正地领悟到的话，那就是跳崖。结束了。

领悟和知道不一样。知道不会将你带到任何地方。领悟是自然流动的，不造作。把一切知道的都抛在脑后，不要知道任何东西，活在清醒中。

～

问：在不知道的时候，我没感觉到有多少智慧或爱。至少不明显吧。我看见的是不纯洁。

答：那么你就不是真的不知道。你是在判断，说明你是知道。你在心智中，在解读你的体验。

问：我觉得你说的对，我想再弄清楚点。我看到的是自我的污染，一次又一次地看到。

答：那个正在看的永远在所看到的之外，那才是智慧所在的地方，智慧在看本身中，在觉知本身中，在正在发生的意识中。智慧在那里。

心智总想停留、固化感受到的内容。然而智慧从意识中升起，不从内容中起。所以，要明了感受的内容就是梦境，就是无关紧要，就是幻象，这一点至关重要。

问：就是没有那个领悟，领悟到这一切都是梦，是幻象。大部分的时候，应该说一直都还是感觉那么真实。

答：那就拿起这个内容："就是领悟不到这一切都是幻象"，然后扔掉它，看看还剩什么？

问：只有觉知了。

答：那就是你。

~

问：你很少谈到上帝。对你而言上帝是什么？

答：想要发现上帝这个概念到底指向什么，你必须先抛开你对上帝所持有的形象、概念。你必须有胆空掉一切概念，进入完满的空性，完满的静默，完满的寂静。你必须忘掉一切你所知的关于上帝的知识。那些都是没用的，神的形象也许会安慰你，不过这安慰是想象的、虚幻的。抛开一切心智造作的安慰，让它们都完结。一定要在静默中完全体验到这完结，等一切形象、概念、希望、信念都结束，就是静默中的完结。

去体验静默之核。湮灭其中，完全臣服。在对静默的完全臣服中，你直接体验到了上帝一词所指的。在那样的直接体验中，你从心智的梦中觉醒，领悟到上帝这个概念指向的是真正的你。

～

如果你选择了自由，生命就成为奇迹。自性与你的人性秘密结下协议，你即将踏入那样的生命。自性开始调整你的生命，让它和谐，让它以你想都想不到的方式进展。最神奇的是，你越放手，感觉越好。你越步入不安全，越发现那是多么的安全无虞。你离开的地方才是不安全的呢，每个人都显得那么痛苦、悲惨，因为每个人都在有限的事物上找寻安全感，而有限的事物永远都在活动、变化，不可预测。

第三章
禅定和修行

～

当你不再企图控制，
以及操控你的体验时，
禅定自然发生。

～

真正的禅定没有方向、目标及方法。所有的方法都旨在达成某个心智状态。所有的状态都是有限、无常、受制的。对心智状态的沉迷只会带来局限和依赖。真正的禅定是以本觉意识安住。

当觉知不再固着于感受到的客体上时，真正的禅定会自动从意识中出现。初习禅定的时候，会发现觉知总是关注在某些客体上：念头、身体的感觉、情感、记忆、声音，等等。这是因为心智就是如此设定的，它就是要关注、收缩在客体上。然后心智强迫性地对觉知到的（客体）进行机械且扭曲的解读。它开始根据以往所受的制约下结论，做论断。

在真正的禅定中，所有的事物都以其自然面目呈现。也就是说，不用努力去掌控或抑制任何觉知客体。在真正的禅定中，重点放在觉知上，而不是觉知客体上，是停留在本觉意识上。本觉意识是所有客体升起寂灭的源头。当你在觉知中，在聆听中柔和地放松时，心智对所感知客体的强迫性的关注就会消散。存在的寂静会在意识中分明升起，引你停留安住。开放的态度，抛却一切目标及企图，都有助于寂静和静默的降临，那就是你的自然面貌。

寂静和静默并非心智状态，因此无法求取或创造。寂静是非状态，一切状态都从中生灭。寂静本身，就是永恒的观，无形无相，亦无特质。当你越来越深入地观照，一切事物都会呈现出其本来面目，而觉知，摆脱了心智强迫性地收缩及身份认同，回归到其本来的非状态的临在。

那简单却深刻的问题："我是谁？"会揭示出你本身并非是一场没完没了的自我—人格独裁，而是无任何目的性的自由存在——本觉意识，所有的状态和客体都在其中来来去去，它们都是那永恒的引而未发的自性的显化，那就是你。

~

问：禅定的目的是什么？

答：禅定的目的是找到禅定者。你找不到那个禅定者，无论是他，她，还是它。你只能找到寂静的空性。找到空性，心智就停止了。只要你愿意，空性会停止心智，除非你自己又跑回轮回中，回到充满思想、奋斗、困惑的心智之戏中。如果让空性停止你的心智，你就觉醒了，领悟到你就是空性。你会领悟你不是心智，不是身体，不是任何禅定中的现象。你是空性。空性是无形无限的纯粹意识。

你不是一物，不是肉体之物，不是精神之物，不是情感之物，不是任何时间中的历史之物。你是意识本身。抛开你对物性的执迷，你就会醒悟，了知万物的源头。你就是那源头。直入源头，不要把你这一世人生白白浪费在定义你到底是何物上。从梦中醒来，就是自由。

～

你的想法、概念、观念和想象都无法碰触实相。你无法做任何事情去领悟实相，任何事情都不行。等你明白你什么都无法做，无论做什么都只能让你远离实相，你就必须停止一切作为。停下，静止。停止和静默不需要任何作为、任何努力。

～

你的一生都接受教导，要去做事，去奋斗，去努力。一整套自我改进计划都已灌制妥当。你已经被预设，相信你就是身体和心智。而这一切都是无知的体现，犹如在黑暗中摸索前行。

你存在的真相是开放的虚空。你无须修行，不需技巧和手段去领悟真相。你是谁？你要领悟的正明明白白放在眼前，此刻就在你眼前！你不会在将来的某一刻突然解脱，了悟你是谁。现在！此刻你就能解放。停下，静默。让静默的火焰燃尽一切，让开放的"那个"显露。

～

问：什么是舍弃？

答：人人都能舍弃，舍弃物件，舍弃人，舍弃地方，舍弃生活方式。但真正的舍弃是舍弃自己心中的宝物：观念、信念、希望、预设、受到的伤害、曾经的惨败与荣光、过去和未来。

多少人以虚假的舍弃作华服,将自己装扮,然而真正的舍弃是那么、那么稀有。

~

运用技巧来达成专注,这等于在说觉知不在当下,需要你去寻找。这些技巧造成的问题在于你会认为你必须做点什么去制造觉知,而实际上觉知乃每时每刻人人皆有。觉知是我们自身具备的,因此我们不必去费力得到它。你越是放松,就越能明显地了知你就是那觉知的虚空。

~

安住意味着让事物如其所是——不管是什么样子。如果你感觉好,就是感觉好;如果你感觉差,就是感觉差。无论是什么情绪状态、生理状态、精神状态,都没关系,不要期望应该是另外一种状态。要是你觉得应该是另外一种样子,你就没有安住,你在拣择,你想控制自己的体验。

~

问：你教授的技巧和佛陀教授的技巧有不同吗？

答： 我不考虑使用技巧。运用任何技巧最终都会限制你的心。我们的自然状态就是一种平和安静的状态。谁会关心技巧呢？只有心智关心。所有技巧都是针对心智的，但你并不是心智。直接的洞见和体验会揭示自性。你不需要用技巧来成为你本来就是的东西，只要静止。不过你别努力去静止。不要努力，静止会到你这里。放下一切概念、观念、信念、身份、希望、过去、未来。你听说这样做很难，必须要技巧，然而这也不过是个想法而已——在黑暗中摸索。把这个想法也放掉，看看会怎样。

~

问：停留在静默中是很难的，因为心智会启动，我又跟着它跑了。我明明越过了无门之门，领悟到原来根本没有门，可是现在我又看到那扇门了！

答：你看到的是门的样子，门的幻象。这已经是非常不同的体验了，因为你已经知道那门不过是个样子——它不是真的。就像海市蜃楼和幻觉。之前你是不知道的，你觉得那门是真的。你又敲又打，使劲摇晃着觉醒之门。

问：现在，我就在空性和"我是谁"的概念间摇摆，这真的很痛苦。

答：空性，感觉上是自由，解放，清明，"我"的概念则感觉像是只握紧的拳头。在"自由"和"束缚"的感觉之间来来回回，这是个美丽的契机啊，可以让你以全新的眼光审视你的体验，让你重回起点地参问：什么东西是不会来去的？这会带来更深刻的觉醒，会更深刻地体验究竟是什么从不来去。所有的体验都有来有去，再庄严光明的体验也一样，但一切体验的源头，觉知，是没有来去的。

不再跑到任何地方，体验却源源不断地自己发生。不再向任何方向迈开一步，却立即就达成了目标。你不再迈步，却到达了。停着不动，只是看着，因为你本来就是。哪怕心智又编起故事，告诉你是这个是那个，你也不再跟着动。

～

状态会消失、变化，大多数人都会为此抓狂。他们想要抓住已经不在的。别再追逐那来来去去的，那都是不真实的。是无关紧要的。而你从未失去的是什么？那才是重要的。什么东西一直都在？至福时在，苦难时也在？真正的你一直都在，永远不变。那从不来去的是真实的。自由不在别处，在真实中。

～

不管你看到了多么神奇的异象，或者你的克里亚瑜伽、拙火瑜伽练得多出神入化，或者你经历了怎样的至福境界，都无关紧要。再漂亮的灵性体验，也不过是体验，而体验总是来来去去。只有那从不来去的，才是自由之处。如果它不会来来去去，说明它此刻即在。如果你有过很精彩的灵性体验，却转瞬即逝，那么问问自己：什么东西是当时在，此刻仍在的？你就会知道该把你的注意力，你的精力，你的心放在哪儿了。不要放到任何别的地方。你是那包含一切变化和来去的永恒。

～

问：我觉得我对"我是谁"的清明洞察来来去去。

答：这里的关键词是"我觉得"。清明真的来来去去吗？

问：不是。

答：把你所有灵性上的努力都放到一个地方——就放到实相上——全部精力都投注进去，只投注在这一个问题上，让认识越来越深入，越来越深入，最后你会看到那自由直接拧掉了你的脑袋。

～

问：禅定的时候，该怎么去除情绪、念头、悲伤、恐惧、渴望、沉溺？是不是要采取正面肯定的态度？

答：不要试图去除任何东西。相信某样东西必须去除恰恰让它始终存在。成为一切事物升起的开放虚空。应该关注的是你是升起所有事物的虚空。只有允许一切事物升起，你才能有机会感受到那既不升起也不湮灭的。你就是那。

正面肯定只对心智有作用。就让心智是心智吧。你不是心智。不要再试图调整心智，去看心动之前。你是包含心智的意识。问你自己，在心智活动之前，在肉身感觉之前，在情感升起之前，我是谁？去这样禅定。去寻找寻找者。

～

修习的目标是要你在当下的亲身体验中，体证那思维活动无法触碰到的。这既不是要抑制心智的思维，也不是依凭思维去理解。我所指向的是不可知，那是源头、寂静、静默、无时不在，先于一切念起之前，不灭于任何念起之时。你必须对那不可知感兴趣，而不是对已知的感兴趣。否则，你永远都是奴隶，只能感受到极其狭窄、扭曲的概念化思维，不得解脱。你必须深深地沉入不可知，直到你再也不去依靠思维来告诉你你是谁，你是什么。只有到那时，你的思想就成了那真实的映照，不再误把它自己当作真实。

我所说的是那样一种情形：心智不再固化、封闭，不再强制性地以观念、概念和信念去进行理解，你不再依靠心智、情绪或情感来找寻安全感。我说的是全然抛弃一切分离感，直到解脱成为永不消退的情境，你永远消融在绝对真理的自由中。

第四章
超越要奋斗的冲动

∼

治愈痛苦的灵药是觉悟——
这是唯一的药方。

∼

对灵性追寻者而言,最困难的事情莫过于停止奋斗。人类这一机制的最大特点是永远处于奋斗状态中,表现为冲突、恐惧、困惑。要奋斗的冲动是强制性的,机械性的,造成各种紧张状态,扭曲了我们感知的能力,无法感知到那本无束缚的真相。最有意思的是,人类这一机制本身就内制了无意识的要去奋斗的冲动。为什么呢?因为只要保持不断奋斗的状态,我们就保住了边界,制造出一个分离自我的感觉,一个无意识地将自己定义为"奋斗者"的自我。更让人吃惊的是,对我们而言,以奋斗来维持分离状态并不是无可奈何的必然,而是我们自愿保住分离状态,哪怕它带来了那么多的痛苦、恐惧、混乱。我们想要这个分离的状态,因为这样我们就能感觉到自己是个与众不同的、特别的、唯一的个人。

人生仿若一出悲剧,许多人都对自己独特的人生悲剧上瘾,将自己的身份认定为这出绝无仅有的悲剧中的主角。人们是那么乐于向他人诉说自己的悲情人生,以此在人与人之间竖起最坚固的藩篱,界定彼此,仿佛那些悲情故事定义了他们是谁。许多人真的视自己为"奋斗者"或是"这个正在奋斗的人"。有的人竭尽全力将自己维系在较为正向、固化的身份上：一个好人，成功的人，或者，属灵的人。大部分人则同时抓住正面和负面的自我形象，在互相矛盾的身份间永无止境地挣扎奋斗，而这些身份在起点上就没有真正的真实性。难怪这么多的灵性追寻者都会无比迷惑。

~

灵性追寻者的种种奋斗中，最狡猾、最无意识的是在各种修行、各种法门里努力奋斗，而这些修行法门据说都是用来停止奋斗的。谁是最热衷于投资修行的？是那个分离的个体感，是自我。只有自我会问如何停止奋斗，因为一切"如何"都带来更多的奋斗。这个保持奋斗的机制，就是自我保持掌控的方法。你只有以无比的热情投入"我到底是谁"的参问中，要足够深入，直到你从"我是个人化的分离个体"的迷梦中醒来，只有到那时，奋斗才能停止。

再言之，我们奋斗的原因是要保住分离自我的感觉，说到底它不过是套防卫机制，以阻止分离自我并不真实存在这一真相的显露。一旦停止奋斗，你就失去了分离自我感赖以存在的种种边界。失去了相对抗的另一边，虚假的自我感就消散为无，消散为不可知，你失去了一切熟悉的立场，顿时陷入迷失。你所熟知的一切身份都脱落了，你发现自己飘荡在巨大的虚空中，无物可抓。这个无处立足的巨大虚空，是解脱的第一道滋味，可是几乎没有人愿意留在这不可知中。相反，大多数人开始奋斗，以对抗这不可知，这陌生的浩瀚无边，直到他们再次找回熟悉的分离自我的感觉，再次回到安全中。

这自由如此绝对，不留任何余地给任何东西从中分离出来，面对这样的自由，大多数人不由自主地紧缩，回到奋斗机制，这样他们就能保持熟悉的自我感。这意味着如果我们真的能选择，大多数人都会选择奋斗，保持分离，而不是直面如此严正的自由，将一切分离感都击碎。我们熟悉的是分离感，它让我们觉得安全，只有你对自由的渴望超过了对安全感的需求，你才会自然进入那最终的自由，超越一切挣扎奋斗。

我们已习惯性地设定好了，要躲避恐惧和不安全感，大多数人不由自主地会抓住自己所熟悉的，哪怕那是非常痛苦、充满困惑的。我亲眼看到有那么多的人在体验到自由、看到自由之后却跑开，因为在那样的自由中，根本无处可藏、无物可抓。他们已经开始向那样深刻的自由觉醒了，但却回到熟悉的奋斗机制中，回到混乱中，自己都无意识地努力避免完全踏入那无可抓寻、无可名状、不可思议的解脱中。为什么？因为在那不可思议中，根本没有任何个人化的自我想要的东西，没有任何可以用来定义这个自我的东西。

这样的自由可不是大多数人当初所预见的。绝大多数人都有意无意地期望他们会获得自由，拥有自由。许多瞥见过开悟状态的人对我说，那实在太浩大了，超出任何人的想象。自由并非你能拥有的东西，相反，自由湮灭了你，对此的领悟往往体现为震惊、害怕以及难以置信的解脱。自性显现，无限的虚空，吞没让分离的你得以容身的整个梦境。我描述的，是对自性的体验，没有任何自体感，无始无终的无由之地,永恒地呈现万有。

瞥见这深邃的自由并没有多难,难的是活出自由本身,它要你摧毁你执着的每一个关于自我的概念。这自由是熊熊烈火,将奋斗的冲动烧成灰烬,揭示出存在的唯一自性。

～

问:我体验过真正的开放,然后小我出现,开放便又紧缩回去了。我觉得我还是不想放弃小我。

答:真的不想放弃?

问:不,不是真的。

答:你告诉自己你不想放弃,为什么?

问:我可以关注在自己身上。

答:你想要关注自己吗?

问:不,不是真想那样。那样是不会满足的。那样的我永远都在混乱、分离和欠缺感中。

答:那什么才能让你满足,真正的满足?

问:知道真实。

答：那什么是真实？什么是你真正想要、渴望要告诉自己的真实？

问：我说不清。也许我还根本不知道，也许我还没看到。

答：把它找出来。

第五章
停止达成

~

没什么要做的、要成为的,
也没什么别的样子要去达成。
没什么地方要去,没什么体验要拥有。

~

停止变成另外的样子，表示在面对心智所无法知道的东西时，你不再跑开。只要你还想变成另外的样子，想抵达别处或想获取什么，你就毫无疑义地在逃离真相本身。要停止变成另外的样子，你就必须拒绝踏上道路或旅途。你必须拒绝时间，也就是拒绝未来，明天永远不会来临。开悟永远不会在明天发生。明天，意味着达成，达成就是时间，时间就是想法。想法是垃圾桶，你要是往垃圾桶里看，只能看到垃圾。

　　停留在不可知中，就是指你的心智完全不知道如何才能达成你的目标。你不再寻求心智的帮助来告诉你该怎么做，什么时候成功，方向是什么。完全停止要变成另一种样子的企图，你就真正的停止了。止，不是努力。它从智慧中来。

～

　　问：要停止，总是有作为在里头。人怎么能停止这种想要达成的作为呢？怎么做到？

答：看见、感受到你无法做任何事去停止，你真看见、感受到了，自然带来停止。只要你还认为你能做到停止，停止就永远不会发生。只有体悟到那个试图去停止的你不过是个念头，是个幻象，停止就自然发生了。

～

迷失在不可知中是多么的神奇。当你迷失在不可知中，你才开始知道，却不是以过去任何一种方式知道。你成为时时刻刻的体验。你以这样的方式去知道。你知道那才是你的真实面目。你就是那超越心智的、不断展现的神秘。

～

问：我感受到一股要去追寻的驱动力。我能从生理层面感受到。

答：驱动力在身体上体现出来，但它来自于哪里呢？身体上的亢奋从哪里来的？

问：心中的不安。

答：不安从哪里来？这种焦躁从哪里来？

问：不从任何地方来。

答：啊！

问：就是不安。

答：不从任何地方来，那个空，是在身体之前，心智之前就有的，是一切的源头。现在，停下。你这辈子哪怕就一次，就这么停下。不要想，停！

~

来到纯粹的**我是**。不是我是这、我是那，仅仅是**我是**。然后扔掉**我**，只剩下**是**。这是无境之境，终极真理，绝对自性。万物的本质皆是这一终极真理，即自性。

~

问：自性的自我揭示表明并不存在一个追寻者，停止了追寻，这是否就停止了想要达成？

答：是的。当你不再对那个被称为"我"的迷梦附加上任何意义和重要性，你说的这一切就发生了。你领悟到个体的我是全然无意义的，领悟到并没有一个追寻者，这就是追寻的圆满。你领悟到一切都是意识之梦。这是直达之途，若走这条路径，追寻者根本就踏不出第一步。

问：那个放弃追寻者的时刻，我们把它称作什么？

答：死亡。

问：死亡是什么？

答：追寻者的消失。

～

问：我听说要开悟，自我必须死亡。自我死亡是什么意思？

答：是有这样的说法，如果你要真正地活，自我必须死亡。但没什么需要死亡的，你只是需要成长。一个孩子不需要经历死亡才能长大成人。孩子只是长大罢了，它在演化，抛却一切不合适的东西。我们应该看到的是自我不再有用，不再合适了。只有自我本身，才把它的死亡看得惊天动地般了不得。

～

某些问题蕴含着转化的能量，它自己插入到意识中，你根本无法避免。这样的问题是有价值的参问。

～

问：参问是不是只不过是一种意识上的体现，表明某个心智已经做好了转化的准备？

答：心智永远不会做好转化的准备。转化发生了，仅此而已。

问：如果自性无法达成，那么达成的到底是什么呢？

答：没有任何东西达成。只是念头、体验在起舞，体验到"变成了"、"达成了"。可真相是一切都自然发生，没有原因。

问：那到底是什么东西需要停止变成另外的样子，来发现我们是谁呢？

答：认为你是个分离个体，要去停止或是不停止的想法。

～

问题是大多数人都关注在客体上，关注在他们所感受到的东西上，而不是那个终极的感受者——背景。然而无论关注在哪里，任何时候觉知都在百分之百地发生。光永远都亮着，它永远都不会灭，可是它照向何方？人类这一机制的特性就是完全沉迷于客体，从最初那个被解读成"我"的客体开始。我只是个念头，你是先于这个念头的。

～

此生是个梦境。说它是梦境并非轻视它，或认为它不值一提。它和你晚上入睡时做的梦没什么差别。你从你的睡眠之梦中醒来，进入到我们称之为生活的梦境，然后等你再次入睡，又在另一个梦境世界中醒来。可是那个在一切梦境中都醒着的造梦者，一直是同一个。觉知永远临在，那就是实相。有什么东西是从不来去的？即便在梦境状态中？那就是你。

～

问：要领悟自性，就要舍弃对幻象或梦境的错误认同，是这样吗？认同才是腐败之源，是问题所在吧？

答：一切障碍都是概念、观念、信念、观点。离开概念和信念，别无障碍。心智用信念来填补虚空，这样它就有东西可看，可把玩，可藏身。

问：所以我们的结论、解读、概念和信念都是心智机制的表现。

答：是的。没有概念和信念，就没有心智机制。你必须用这些来成为某个分离的人。

问：当我们停止变成另外的样子，我们会发现什么？

答：平静、停止、永恒的自性。不再有挣扎奋斗，你自由了。

～

问：要让事物如其所是，却又站有立场，该如何处理这一矛盾？生活中有那么多的场合，我无法让事情如其所是，我必须起来对抗。

答：永远都不需要对抗。对抗是分离自我采取的态度。尽管直心而行。其中没有对抗的态度。

问：袖手旁观，什么都不做，我内心深处不会觉得这样是对的。这是懦弱，有时候，让事情如其所是的实质就是懦弱。

答：让真相来引导行动。

问：那样的行动是否来源于一种感觉？感觉到在具体的情境下如何做才正确？

答：来源于感觉之前。

问：哪怕有可能会造成不好的后果？

答：真相不关心后果。它关心真相。你好还是不好，它不在乎。你不会一直因为真相而很好，你有时候也会因为真相变得很不好。你根据自己的喜恶，根据他人的喜恶来采取行动，只要你还依此行动，你就不在真相中。真相不仅要求我们有诚实的心，还要求我们诚实地行动。仅仅知道真相是不够的。你必须是真相,根随真相去行动、作为。

~

　　许多修习者都会对实际发生的事情抱持激烈的否定态度。他们想要超越现实,把现实铲除,从里面逃开、离开。那样的感觉本身无所谓对错,但其做法是无用的,那只是裹了灵性外衣的逃避。裹了灵性外衣,装备了灵性概念,然而其本质和醉倒在阴沟里不想感觉到痛苦的醉汉无异。只有当你全然接纳一切,安住,你便自动超越了一切。

~

没有任何信念和概念是真实的。
将它们抛开,让寂静之火燃烧,
将你烧醒。

~

　　问:我想我已经发愿定要找到真相,可是我还是没找到。

答：一旦你对真相的渴求超过了其他一切，你就会找到。事情就是这样，非常简单。

问：是不是必须经过一段时间，才会有这样强烈的渴求？

答：你觉得是这样就是这样吧。

问：是不是要一直坚持选择真相？

答：一直选择吧，直到你无须特地做选择。

问：我只想要真相，宁可舍弃一切。

答：假装你现在不在真相中，这个你也肯舍弃？

～

问：为什么开悟的人不多？

答：因为人们仍留恋梦境中那一丝半缕的快活。

第六章
觉醒

～

你是觉知之光——
本来如是的源头和显化。

～

开悟的那一刻，一切都消退了，万事万物都远去。你脚下的大地突然消失，只剩下一个你。只有你，因为你领悟到没有其他、没有分离。只有你，只有自性，只有无形无限的空性，只有意识。

对心智，也就是自我而言，这太可怕了。它看到无形、无限，只能感到毫无意义，绝望。然而，一旦抛开心智，一切就变成无尽的喜乐、神奇。

当你开悟之时，你孑然独立。你不需要任何支持，因为没有东西需要支持，分离的你不再存在。你领悟到整个自我体验是一层薄薄的幻象之壳。你孑然独立，却永远不会孤独，因为无论你看向何处，你看到的都是那，你就是那。

～

问：觉醒是否只是又一个灵性体验呢？

答：觉醒不是指你觉醒。是指只有觉醒。没有一个"你"觉醒了；只有觉醒。只要你还在认同一个醒来还是没醒来的"你"，你就还在做梦。觉醒是从一个分离的你的梦境中醒来，就是醒来。

~

问：当一个人觉醒了，开悟了，他/她是不是就会变得智慧，富有爱心？

答：当你觉醒，一切都"变得"停止了。觉醒是指你以直接的体验领悟到你是谁，是什么。你没有变成任何样子。一切转变都在时间里发生，也就是心智。觉醒是在时间之外的：你从时间中觉醒，时间消失。智慧和爱都是你自性的面向，不需要创造，也不需要追求。

许多人都努力变得更智慧，更有爱心，如此他们便一直在与自己做斗争。这个方法永远不会有用，因为它预设了一个分离的"你"，想要成为一个更好的人。这个"你"正是梦境，一个念头而已。把你自己当成一个分离的实体，你正是这样才无法看见真相,你存在的真相，就是爱和智慧。

~

问：我有过那样的片刻，仿佛已经开悟。然后，片刻过后，那个状态消失了。会不会到一个点，从此以后状态永远不会消失？

答："开悟"这个词，指向的是你是谁。你是谁不是个可以获得又失去的状态。它不是个灵性体验。一切状态和体验都来来去去。"你是谁"是永恒的存在，此刻即在，无论是怎样的状态或体验。

~

某种意义上说，开悟的生命是毫无安全感的；你活在不可知中，在不可知中行动。我们习惯了心智所提供的扭曲的安全感，依此行动，可是自由并不依此运行。这是个悖论，恰恰是因为你不知道，而且你知道自己不知道，知道的门却因此而时刻敞开，你在每一个时刻都能知道了。安住在不知道中，知道即刻来临。

～

向内看你自己，

却找不到你自己，

这就是找到。

～

当对自我的沉迷消散，当它不再占据你觉知的中心，那只有在"我"消失后才显现的一切显露。

～

那些深刻了悟的人，就成为意识的进化之力。他们成为了那。意识觉醒的进化之力唯一关注的只有真相。

第七章
呈现：真正的不二

~

首先你从生活中觉醒,
然后,你觉醒为生活本身。

~

在自性的顿然觉醒之后，超验的领悟在人格中呈现，这是个逐渐展开的过程。我用逐渐这个词，意在表明开悟体验之后，领悟会不断深化。超验的自性越是在我们的人性中呈现，我们的视野就越开阔，越能在我们的生活中表达和展现出超验的领悟。

这个呈现的过程，是一个不断剥离残存的执着和自我的过程。真正的灵性觉醒，会在极其广泛的领域产生作用，呈现的过程就是向这些作用不断臣服。这是个灵性展开的过程，充满了种种危险、自欺、误解。多少追寻解脱的人们在此倒下，击倒他们的是恐惧、疑虑、缺乏信心。呈现的过程既激动人心，也充满迷茫。这是个难以置信地复杂微妙的领域，真正了解的人凤毛麟角。

～

问：我听到"呈现"这个词，心头浮现的第一个画面就是一片浩瀚无际的东西，然后我想办法把它塞进我这个有形的形体里。可是我们不是说只有在有形的形体消失后，呈现才得以发生吗？你能说一说当涉及呈现的时候，到底是用什么形体去呈现？

答：一切展现出来的物体及非物体都是你的真实形体，领悟到了这一点，呈现就开始了。你的人性方面的表现，反映出你的领悟有多深刻。所以不是说你必须对你的人身做点什么，把它变成一个更广大的容器，让存在的真相得以依附。真正重要的是要能感受到你的整个形体，那就是万物。你人性的那一面自会反映出你对此的领悟程度。呈现不是某件你去做的事，它是结果，取决于你开悟得有多深刻清晰，也取决于你将自己交付了多少。整个宇宙皆是你的形体。让你的人性面去反映和展现那整体吧。

问：那么，呈现不是将浩瀚无际装进我之内；而是将我自己交付给那浩瀚无际？

答：是的。这是正确的理解。

～

问：如果还有对"我"认同的时刻，呈现是否还有可能？

如果不可能，那用什么来作为表现形式？

答：呈现通常是一个逐渐的过程，始于被称作"觉醒"的事件之后，因此我们不能用一些绝对的词语去讲述。呈现的表现形式有平静、爱、智慧，以及觉悟了的行动。有一个现象能很好地表明我们开悟的程度，那就是我们对他人的影响。如果我们自己觉得很开悟了，但对他人的影响却是消极的，那么我们很有可能根本没有自己想象的那么开悟。这不是说要别人总是喜欢我们的行为方式，因为开悟的行为通常都会被仍扎根在分离中的心智误解。开悟的行为是解放他人的，别人喜欢还是不喜欢不重要，重要的是，这行为是否在解放人们？这是唯一有价值的问题，也是开悟与否的唯一证明。

开悟的行为从谦卑中起，绝不会以个人的得失为念。你越是谦卑，你的行为就越有可能是开悟的。

~

问：当自我的边界开始消融，身体也会有变化，对此你能再多说一些吗？

答：当你开始敞开，越来越开放，身体也会有很大的变化。通常都用拙火来解释这些变化，不过如果我们就用身体的能量来说，会更容易解释。

当你越来越敞开时，身体也在调整。当空间打开，身体也有了重新协调的余地，来回到它的自然状态。在这个过程中，有的人的身体反应会很激烈，压抑在各个层面的能量——生理、精神、情感和灵性上的能量都得以释放。这些被压抑的能量让你失衡，处于痛苦的状态。突然一切紧张、坚持都解开了，能量从各个方向释放出来。

在重新协调,顺利流动之前,这些能量必须被释放出来。这样的冲击可能让人感觉极兴奋,或者极糟糕,可能很强烈,也可能比较平和，可能会花上几周来调整,也可能是几个月甚至几年。你的感受可能会很强，也可能没什么感觉。人人都不一样；看你本来压抑的程度吧。

～

问：要敞开心胸接收关于呈现的教诲，你认为最重要的因素是什么？

答：去感受到教诲是你自己自性的展现，这样你就不会认为自己和教诲是隔着距离的，它就不是你要去争取实现的目标，而是你自己的心的反映。这样看待教诲，你就会有最积极的态度。如果你把修习的教诲看作你自己自性的反映，来自于你的内在深处，而不是从外面寻到的什么东西，你和教诲的关系会大大地不同。前者消弭孤立和分离，后者则让你更加孤立分离。你的态度是最重要的。

问：我们总是产生各种问题，会去想该怎么处理这个"我"，有了你说的这种态度，这些表面化的问题就解除了。

答：正确的态度会立刻解除那个"我"的幻象。只有当你认为教诲是来自于你自性之外时，它才会造成更深的分离。如果你认为教诲是什么别的东西，不是你心中本已具足的东西的反映，那它就会制造出"我"的幻象，造出追寻者。

~

问：心智真的能够时时刻刻地保持这么深邃宽广的爱吗？或者是心在保持这种爱吗？

答：我不会想到"保持"这样的概念。你本来就是，又如何保持呢？

问：我猜想心智无法理解行动是如何从那万物一体之处升起。

答：不要去看心智。不要想，就只是存在。静止，见到你的自性。在心智活动之前，是空性。空性是通向智慧之门，那是心的智慧，从自性中升起的自在、本源的智慧。

~

深刻的觉醒相当于打开了罐头盖子。所有曾经被压制的业力，所有你毫无意识地压在苦痛最底层的业力都会喷涌而出，因为它终于有了可以发泄的空间。当它扑面而来时，你会奇怪你的自由去哪儿了？出了什么错？可是请你理解，那正是自由的后果，而不是个错误。一切问题都希望显现出来，希望让自由来转化它们。如果你让它们浮现到这觉知的空间，来到爱中，它们就会重新协调。你所在的空间就是无条件的爱。无条件意味着一切都受到欢迎，没有任何东西要被丢弃，要被扔出去。

～

问：我的心智不由自主地要去判断行为到底是不是出于真相，可实际上我根本不清楚什么是真相。我如何才能在特定的情境下知道什么是真相呢？

答：正是自我评判机制扭曲了你对真相的感受。从寂静的心中，升起对真相的了解，那样的心不是通过评判和费力对抗来了解事物的。安住在不可知中，在不知道中，升起对真相的感受。如果你能安住在不知道中，你立刻就能知道。

问：可是有时候，我明明安住在不知道中，却仍然什么都不知道。

答：你得充满好奇地安住在不知道中啊。尽管安住在不知道中，你还是要保持好奇。你还是想要知道，只是你不再努力挣扎着去知道。就只是观察，对一切心念保持敏感，而所有这些心念都一刻不停地在想要知道。知道，是活生生地被你的存在体验到的。它不在你的心智中。

你要用你的头部以下聆听。停在你的存在中，你就能从你的内在感受到我到底在说什么。

～

问：你曾经说过，如果我们知道那全然一体对我们的冲击有多大，我们会被击碎的。关于这一点你能从呈现的角度再谈一下吗？

答：只要"我"还在试图把那非个人性的合一塞进自己里头，你就永远会感觉被击碎了。那非个人性的景象太浩瀚，"我"无法承受，当然，这就是关键点。合一，当它绝对清晰地显露之时，我就是一，会将"我"击得粉碎。

感受到合一，和感受到我就是一，是截然不同的。一旦你真的了悟"我就是一",并且活在其中,领悟所揭示的一切就成为你的人性和人格,并通过它们开始呈现。如果心智仍抓住分离感不放,那么那个人会发现自己的痛苦要远比尚未有任何领悟之时深重得多。

～

问:我如何将灵性整合到我的日常生活中去?

答:问题不应该是"如何整合?",而是"谁是整合者?"。一旦你超越了整合者,就不会有任何想要整合的二分感。

整合,意味着在二者之间。日常生活和灵性之间没有分界。整合意味着你还处在心智的虚妄分别中。既不要抓取灵性状态,也不要抓取世俗状态。一切都包含在你自性的表达中,一切就是你自性的表达。扔掉"灵性"这一概念,也扔掉"日常生活"的概念。只有生活是个整体,无法分割。

～

问:从深刻的灵性体验中,我了解到真相,我如何在相对世界中活出那份领悟？

答：让你内在的灵性领悟足够深，深到能包容整个由时间空间构成的世界。如果你的领悟程度仅止于超越相对世界，却不能包含它，那么你仍会感受到二元分裂，因此会对相对世界有对抗。不要对绝对真理产生执着，把绝对真理和相对世界看成不可分割的一体，是同一殊胜实相的两种表达，而那个实相就是你。超越一切二元对立，来到二元的源头，既不是这，也不是那，却表达为既是这，又是那。

～

问：人类的性质总是要通过人格在一生中展现，既然如此，人怎么能知道自己的呈现有多么不二呢？

答：只要还有一个人在那里验证、度量，二元消融就没有完成。心智惯性地要验证它自己，这一习性的消融，是最关键的消融，必须要消失得无影无踪。我说的其实是意愿，愿意在不可知中死去，这表示没有任何自我验证。

问：那么，一个真正呈现出不二的生命是怎样的？它的特点是什么？

答：惊奇。你一直都在惊奇。你一直、一直地惊奇，因为你再也不执着于过去、现在、将来。

~

意识以色的形式无限地表达它自己，人类连结了意识和表达。通过一个觉醒的人类，通过这样的形式，意识意识到了它自己，既是无形之空，又是有形之种种色。这就是为什么对真正的圣者而言，万物皆是神圣、全然、完整的。万物皆为上帝，自性。

~

问：自我参问和自我验证的区别在哪里？从呈现的角度怎么看？

答：在呈现中，是不断地自我参问。对大多数人来说，领悟到我是无形无相的意识，自我参问就停止了。但我提出呈现，将自我参问重新带回我们的世界，我们对这世界的感受仍是时而如梦境，时而视为真实。这是在参问世界到底是什么。

领悟到"我是无形无相的意识"，不过是认为"我是个独立的某人"的相对立面。就算你领悟了"无形无相"，"某个人"的形象却不会消失不见。一切展现出来的事物皆是一体、一个意识，呈现就是这一领悟的反映。这是回到整体，回到全然，包含了展现的以及未展现的。这是体悟到无形无相的意识和有形有相的世界不过是一体两面，那难以名状、不可思议的整体的两个面向。

自我验证是心智的习性，来给予它自己容身之处。你能感受到的任何东西都是部分的，因此无法包含你的整个自性。所以，当你领悟到并没有一个脱离于一切觉受之外的自体，那种想要在体验中、洞见中或概念中寻获自性的习性就停止了。这就是为什么说最高的成就不是任何体验，也不是任何能觉受的东西。寻找自己的努力彻底死去，因为意识之外，别无自体。

～

只有觉受,却没有觉受者。领悟到并没有一个人在觉受,只有觉受遍及一切,那么很自然,觉受以及所觉受到的一切就是一个整体的两面,犹如硬币的两面。硬币的两面无法分开。

～

形体是意识的感觉之器。没有身体和心智,树就无法看到它们自己。通常我们都以为是我们在看树,可是树却通过我们看到它自己。没有感觉之器,树无法看自己。我们是神的感觉之器。

～

问:你怎么定义不二?
答:概念化的停止。在心智之前感受。离心智而感受。

~

开悟的行为不留痕迹。开悟的行为直接从空性中来,不从心智中来。它是自在自发的。表现为语言,那语言从空性中来;表现为行动,那行动从空性中起——先于人格和心智。

第八章
超越个人的爱

～

爱是烈焰，一切都被它焚烧殆尽，

唯留爱本身。

爱摧毁一切虚假的，

爱圆满一切真实的。

～

在觉醒体验中，体现的是个人的自由。所谓个人自由，是指从过去发生的一切事情中解脱出来的自由。我们曾将自己认同为身体、心智、记忆，一切有关我们自己的观念，如今全都脱落。在这样的个人自由中，我们感受到"我是自由的。"这个"我是"，洋溢着个人的气息。此时，自由就是"我是"；以后，我们将超越"我是"。

等到对这种个人自由的迷醉结束后，一种无法以任何个人性来度量的爱就升起了。这种爱在人类的心中启明，它所指向的比以往经历过的任何东西都宽广。这样的爱寻求的是整体的解放。在那样的光芒下，个人的解脱开始显得渺小可笑。

将个人的解放扩展为更广博的爱，关心的不再是能够被称作个人的种种，这对灵性追寻者来说，往往是最难的一关，无法跨越。这样的爱是那么深邃而广阔，使得自我关心受扰，也无法再沉醉在我们一己的自由解脱中，我们受到了威胁，也就是说，在这样深邃广阔的爱中，自我关心显得渺小不堪。

我所说的爱是从最深刻的领悟中直接升起的。这和做正确的事，磨炼自己成为完善的人没有任何关系。那样的念头都来自于自我心智，披上灵性的外衣而已。我说的是一种爱的力量，起于心智之外，起于意识本身。

～

问：有的人仍沉迷在灵性中，有的人在生活中展现灵性，对这两种人来说，他们对这更深邃的爱的觉醒程度是否不同？

答：仍沉迷于灵性，说明你仍在关注某种灵性形象，关注智性上的好奇。而那种爱，远远超越个人，它的性质表明它来源于完全不同的地方。真相通过某个人格来展现、表达它自身，只为了整体的进化。我所说的爱，来源于领悟了你就是整体。

问：在这个关口，许多人是不是开始犹疑，不想完全交付自己？

答：我所说的爱，若它开始觉醒，那么发生在个人身上的一切都变得无足轻重。若这样的爱已经觉醒,那么自我关心就退出了觉知的中心。开悟不仅仅是体验到超越了"我",更是那个作为分离的某个人的"我"不再有任何重要性了。虽然不一定一上来就如此绝对,但这一定是那非个人的爱推动你前进的方向。到这个时刻,这个关口,残存的"我"会狠狠地抓住自己,发出尖叫,想出101个理由解释为什么不应该进入那么浩瀚的爱中。

问:那正是我感兴趣的地方,那个推动,那个展开的过程。请你谈谈你的体验吧。

答:归根结底,我们要么就对那汹涌而来的、完全没有个人性的爱说"愿意",要么就说"不愿意"。也许很快就会说"愿意",也许要百转千回,但你需要做的就是这个。神等待的就是一个无条件的"愿意"。

问:会不会有时愿意有时又不愿意?有条件的"愿意"?

答:终归要到某个时刻,不再是分分钟的选择。当然,也有可能一直是分分钟的选择,但问题是,选择是费力的。永远要做出决断,在每一个时刻你都不知道自己最终会迈向何方。然而，我们可以，也必须来到这样的时刻，断然地说："愿意"，然后结束。你从心底知道已经做了选择，因为选择已经终结了。最终你必须到黑白分明的地步，大多数人都无法踏出这一步。残存的"我"永远在找灰色地带，这说明我们内心仍在纠结是否交付到那样的爱中，那样的爱寻求的只是它自己。

~

爱是巨大的关怀，从超越个体自我的觉醒中升起。在超验的觉醒中，某些神奇的东西出现了。深沉的爱和关怀从空性中来，从无中来。在任何时刻、任何情境中，这爱和关怀寻找的唯有真相。

~

真正的爱远远大于任何个人性的东西。真正的爱是非个人性的奇迹。它是实相本身的性质。它是不可分割的自性的本质，是自然地呈现。

~

问：有些人可能以为你说的是那个"我"应该学习以整体为关注中心，而不是以自己为关注中心。可是，爱不是只有在"我"消退以后，在领悟了你就是整体本身以后才会升起吗？

答：是的。我说的爱是不能被创造出来的。超越个人的爱，从本质上就决定了它是不能被制造出来的。"我"不能制造那爱，就算它想也不能。这爱从自性中起，从领悟了自性后升起。

问：只要"我"还在，根本就无法了解这爱。

答：对。最多能感觉到。而且我认为这么一点对爱的直觉已经如磁石一样将你吸引，同时，也让你产生恐惧。这样的爱，要求的是一切分离感的消解，一切的我执、自我关心的消失。

问：如果能够更敏感地聆听直觉，你认为有用吗？

答：尽一切努力去聆听，去感受那直觉，直觉到内在的合一。合一的感觉就是爱；对合一的体验就是领悟你的真实本质。只有当你陷在个人性的"我"的感知中时，爱才会变得在你之外，比你浩大。这非个人性的爱实际上就是你，因为真正的你从来就不是个人性的。一句话，就看开悟究竟有多深刻，多彻底。

问：爱，在爱的那个，被爱的那个，都是一个。

答：是的。要不是深刻地领悟到我们就是整体，又怎么可能真正地爱整体呢。否则，那爱的广博永远会被"我"体验成威胁。

~

爱不关心"我"，它只关心真实的、不可分割的、全然的整体。那全然的整体远远超出心智能理解的范围，当"我"消解时，当"我"完全交付给整体时，那就是爱。

~

问：在这样的爱中，是否还会有这种感觉：觉得个体内心仍有保留和屏障,还要特意努力去做得更加开放?

答:唯一真正的屏障就是相信有一个"我",我有屏障。"我"永远都会感觉到屏障和隔阂。"我"永远都不会有感觉到自己毫无屏障的时候。最大的屏障就是错误地感知到有一个有屏障的"我"。

～

问:在非个人性的爱中,还有位置留给情感吗?

答:非个人性的爱不是种情感,但在这样的爱中可以有、也的确有情感。然而这里的情感不是来自个人化的"我",而是来自这个"我"的消亡。

问:那么在这样的爱中的情感都是积极正面的了?

答:只有个人化的"我"会把情感分成积极和消极的概念。从非个人性的角度而言,情感就是情感。有些可以归到所谓的积极类,有些归到消极类。但从终极角度说,所有这些分类都是主观断定,造成了分裂。

问:在非个人性的爱中,情感是否只是去体验,而不执着？我感到执着会一下子将我带回个人，带回到分离中。

答：情感不是问题，对情感的执着才造成分离感，造成痛苦，以及一个虚幻的我。

～

在真正的爱面前，抓住个人的解放、个人的自由不放是荒唐可笑的。爱会排山倒海地将你推向难以言喻的热情，让你毫无保留地交付给整体，仅为自己活着变成一件彻底疯狂的事。沉溺于个人是疯狂的，这是心智所不愿看到的，它要的是迷恋个人，它要的是唯有迷恋个人才有意义。而爱在说，一切不真实的都应该在热情中消耗殆尽，真相是这热情唯一的对象。

～

问：一想到觉醒的实际作用，我就想起佛陀的话："度化众生"，可是我不知道在我的实际生活中，到底会以怎样的形式去度化众生。

答:"度化众生"不是件你去做的事。度化众生是个动词,你应该成为那个动词。你成为了度化众生,它就是你。那么很自然的,爱、慈悲、智慧会自在自发、毫不费力地呈现,为真相奉献会高于一切。度化众生不是你做的事情,它就是你。

～

问:你说过开悟是非个人性的,那就是说,觉醒若真正起作用,它是远远超出个人化范围的。你能解释一下这是什么意思吗?

答:个人化的开悟是一个具有排除性的超越,它将相对的时空世界排除在外,来到永恒的所在。非个人化的开悟是一个具有包含性的超越,它知道相对的时空世界就是永恒的展现,因此它是真正的不二。

个人化的开悟,其作用当然够强大了,而非个人化的开悟,其作用则是山河粉碎,几乎在一切面向上击碎了立足之处。去领悟你就是整体,你会明白我在说什么。

~

问：当我发现了那样广博的爱之后，我试图抓住它，理解它。可现在我体验到极度痛苦的感觉，我失去了那个爱，因为我不能直接体验到那包容一切的爱的感觉。

答：那么，别再那样看待它，仿佛它是你自身之外的一样东西。只要你把这爱看成是你自身之外的东西，你就永远会感觉虚弱无力，像是硬着头皮要完成某个任务。

问：只要去看待它，就是在制造分离感。

答：是的。要有这样的意愿，愿意去接纳那种可能性，接纳你就是那爱，对它要求的一切说"愿意"。别躲开，别说"不"，别用"我不行"来躲开。去看，那爱就是你的自性。如此，你的最深的本性会发出反应，会说"我愿意"。

真正重要的是让心智谦卑，在这样的爱面前它无所适从，让它承认自己的不知所措。然后，让你自己待在这不知所措中。这是关键。别试图用心智含化这样的爱，甚至不要企图去理解它。

问：含化这样的爱，这正是我想做的，我想去理解它。

答：那没必要。看到你就是那，这样就可以了，就这样。你不需要理解它才能成为它。

~

问：人类对动物，对孩子有那么多的残酷行为，我无法不感到悲愤。对那样的人，我怎么可能去爱？

答：爱不会将任何人遗留在外。爱甚至会爱那些不会爱的人。对那些不会爱的人，唯一能令他们转变的机会就是让他们接触到爱。

问：以前，我对神感到愤怒，现在，我对那些人愤怒。

答：他们就是神。

~

问：我觉得在爱中有重大的责任。

答：是的，心智无法想象那样的责任，也无法承担那样的责任。要是人们都能真正领悟整体的冲击力，他们会被这样的领悟击碎。而我想说，你大可以为这样的领悟狂喜不已。你要做的就是说"愿意"，别做什么宏伟的计划，别把它弄得有多了不起似的，只要说"愿意"。你甚至都不清楚这个"愿意"到底是什么意思，但你就是说了。你永远都不知道这个"愿意"是什么意思，你就是说了。当你在不可知的、不可思议的存在中死亡，自由和爱升起。

第九章
何为解脱

~

你远远少于你所体验的,
因此你远远超出你所体验的。

~

解脱是止息,是追寻者、追寻、追寻对象,全部止息。一切奋斗挣扎、分离感、恐惧全部结束。解脱超越一切体验极其体验者。解脱是你与生俱来的。它是你自性的本质。

～

问:解脱和领悟有什么不同?

答:领悟是直接的体验和洞见,它可能带来解脱。领悟会让人真正放手,解脱是放手的结果。

我们有可能会有很多次的领悟,很多的灵性体验,很多深刻的洞见,却仍然十分执着。可以说,领悟本身就有可能成为上瘾之物。哪怕极深刻的领悟和体验也会被心智吸收,沦为自我沉溺的对象。

而解脱超越一切体验和洞见,是终极的"无所得"。领悟通常感觉为非比寻常、妙不可言。解脱却平凡而彻底。如我所言,深刻的领悟打开了那非任何状态的不可思议,如果我们能对此臣服,领悟就有可能将我们导向解脱。

～

问：我记得你说过一切都是意识，你还说过解脱是超越意识的。请解释一下你是什么意思吧。

答：只有意识。除却意识之外别无一个产生意识的个体。个体就是意识，是意识觉知到有个个体。无形无相的存在也好，展现出来的有形形式也罢，都是意识。

意识之先，是空性。空性既不是无形又不是有形。空性既不是存在，也不是不存在，它超越一切概念理解。心智，感官，意识，都无法碰触到空性。空性是终极真理，是自性，是一切的源头。对意识的觉知就是空性。

晚上你睡着的时候就不再有意识了，但觉知仍在。当你睡着的时候，意识没有了，存在感没有了，合一没有了。可是，你还是在。那是什么？

问：我睡着的时候，觉知不到任何东西啊。

答：是谁在这样说？你怎么知道你没有觉知？你肯定是觉知到你没有觉知。说"我没有觉知到"的那个觉知是谁？

问：我醒来的时候，没有任何在睡着时觉知到任何东西的记忆。

答：可是你醒来的时候，还是那个入睡时候的人啊。晚上你睡着的时候，还有东西在继续，那东西超出你的身体、心智和记忆。如果没有持续的觉知，当身体醒来的时候，你就不知道自己是谁了。离开觉知，记忆就什么都不是了。觉知是最重要的。关注它，它就会在一切情形中清晰起来。不要将你的自由绑缚在来来去去的状态上。自由是见到你就是那，一直就是。仅理解我所说的是不够的，你得成为它，有意识地成为它。

～

问：一个业已解脱了的人，他在世上行为的动机是什么？我觉得如果没有欲望作为动机，哪怕是帮助别人的欲望，就根本没有任何去行动的动机了。

答：在解脱中，你所处的状态先于一切因果。因此行为的发生没有任何动机。行为就是发生了。你在一切动机升起之前。行为就是这样发生了。从外界看，这样的行为会被看成是爱、善、智慧，可是对解脱了的人而言，一切都自然发生，没有任何动机。行为是从最自然的本觉状态中发出的。

问：那你为什么来萨桑呢？

答：我也不知道。早晨太阳升起，晚上太阳落山。追寻者有那么多的问题，因此老师就诞生了，然后他就开始教导。

问：我听你说非个人性的开悟，还有对整体的深沉的爱。没有任何动机和你说的这些不矛盾吗？

答：首先，我们以个体自由的形式觉醒，领悟到你是无形无相的意识本身。作为意识，你不再认同身体-心智。然后是觉醒为非个人性的自由，产生了对于整体的广博的非个人性的爱，爱一切众生及万物。这是领悟到你就是整体。在这样伟大的爱面前，任何个人化的自由都显得如此苍白。这个阶段是将一切个人化的执着都交付给至善，给自性。当自我关注消失，那无所不包的爱汹涌而至,将你拥入怀中，开始崭新的生命，奉献，庆祝，以及爱。

当解脱来临，一切动机消失。我们不再因任何理由和任何动机而行动，行动自发产生。许多人都会把个人自由和解脱混淆，因为在个人的自由中，我们的行为通常也不再出于自我为中心的动机。许多人就此停滞，认为自己已经到了最高状态，然而实际上他们只是停滞在不再以自我为中心作行为的动机而已。他们并未觉醒到一个真正无私、非个人性的爱，并未来到那样的生命中，那样的奉献中。

解脱超越非个人性的自由。解脱者超越一切个人和非个人的动机。一切自然发生，没有任何行为者的感觉。解脱者与意识关联，却并不固着在意识中，他有意识地回溯到终极真理，回到意识之先。解脱者是对意识的觉知。进化在他或她的身上发生。

～

问：这随时随地的警醒，是否终有一刻能最终放下？
答：警醒或者不警醒针对的都是那么一个"我"。

要么就是"我必须警醒，"要么就是"我不必警醒。"而解脱超越任何一极。根本没有警醒还是不警醒的概念。

问：你的意思是再无立足的可能性？

答：你说立足，我猜你的意思是固化、停留在某个体验、洞见或状态上。

一旦你说什么东西不可能，你就为可能打开了大门，不仅可能，简直是非常可能。

～

问：到底是什么从什么里面解脱了？

答：你从这类问题中解脱出来了。你要真挚，别问一些仅出于好奇的问题。要问危险的问题，问那些答案会改变你整个生命的问题。

～

问：我觉得痛苦是想要解脱的原动力。那么，解脱的关键是不是在于接纳痛苦？

答：如果你说的接纳痛苦，是指不逃避它，那么没错，接纳它吧，但是不要在里头沉溺。接纳痛苦，是为了超越痛苦。问你自己：谁在受苦？谁在接纳？

有多少人都在受苦，却并不想解脱。想要解脱的愿望起于分离的"我"之外，进入到"我"的感知中。那是进化的冲动，你要么就觉醒了，要么就没觉醒。进化的冲动也许会以痛苦为契机来完成它的任务，却并不一定需要痛苦。痛苦并没有高深的意义，没有特别的目的。痛苦是浪费你的时间，如果你在痛苦，你不会感受到真相。要学会如实、正确地感知事物，就从你自身开始吧。

～

解脱者不需要任何东西。他们在心智上不需要任何东西，他们在情感上不需要任何东西，他们从他人那里不需要任何东西，他们从生活中不需要任何东西。他们不需要任何东西。如果你什么都不需要，剩下的就是那难以置信的自由。

问：难道解脱就是永远都没有停下、停止的时候吗？要是人永远都不能立足，那样的人生是什么样子的？

答：解脱不是停止，而是止息。这两者是完全不同的。止息表示消亡，表示身份的死亡。停止表示不动，而止息是挣扎、奋斗的终结。路上红灯亮的时候，你停止。而奋斗的止息，是从空中自由落体，根本没有任何牵挂。

~

当领悟成熟了，你虽领悟，却不再验证它。很自然，你对领悟有了冷静清醒的态度。因此历代的圣者都说，最深的领悟超越任何体验，不再有一个人对此大惊小怪。这就是得无所得。

~

问：我很好奇，你就没有觉得艰难的时候吗？

答：没有什么艰难不艰难的。事情是怎样就怎样。解脱是全然如其所是地接受一切。接受一切，就没有什么东西可以束缚你了。无论任何事情，一旦接受，就超越了。解脱是全然的接受，因此也是全然的超越。

~

任何事情，一旦接受，就超越了。如果你接受一切，你也就超越一切。超越世界，你就自由地在世间，因为你就是世界。知道了你就是那如其所是的一切，这份知道本身就超越了世界，超越了意识，超越了一切。真正的解脱者甚至超越合一的意识，有如清醒地在深深的睡眠中。

~

问：如果没有目的，没有什么要去改变，也没有答案要去寻获，那应该以怎样的态度去参问才是正确的呢？

答：一切参问的目的只有一个：尽可能迅速地让你体证到不可知。一旦你体证到了，保持静止，参问已经完成了任务。剩下的，就交给恩典吧。

～

不要对路上遇到的任何知识执着不放。再深刻的见地也不要执取，否则你会塞满一脑袋的记忆，心却空空荡荡。真相永远是崭新的，只存在于此刻。最高的真理超越知识和体验。超越时间空间，超越存在、意识以及合一。

～

问：你的觉知已经到达终极完善了吗？不会再有更完美的发展了吗？

答：没有所谓的终极，也从没有不是终极的时候。

问：超越终极与不终极，是不是因为那些都是概念？

答：如果你完全领悟了你是谁？是什么？绝对、彻底地领悟了的话，你根本不会有任何疑惑，因此也不会有任何痛苦。对这样的人来说，痛苦不再存在，因为他们不再有一个概念化的我，站在实际如何的对立面，永远在奋斗、对抗。分离的我被超越,甚至意识都被超越,那样的人是解脱者,从无知的误会中解脱。这对全然意识的具体起用影响巨大,因为每次我们领悟自性,全然意识就得到了进化。

问:打开了不同的境界?

答:所有的境界都是表面现象。不管是多精微的通灵境界或灵性境界,都只是展现而已。你要是真觉悟到你是谁,一切展现都会被超越,最终没有一个境界比另一个境界更高明,一切境界都是展现,因此都是虚幻的。底下的那个东西,无法言喻。你先觉悟自己是谁,然后你发现自己沉入了无限之海。你仿佛在深深的睡眠中,却清醒地觉知着,顺利地行动着。

～

问:我们说"直达之径",我觉得这其中也有技巧,就是不要费力去净化个体自我,而是要直接看穿自我根本不存在。我们怎样才能不偏离这个方向?

答:记住,所有直达之径的方法都是在削减、在砍斫那个正运用方法的人。

~

不管你走的是什么修行途径,追随的是什么教诲,最终它们都将你带到无门无教。真正的教诲是野火,会将它自己烧尽。它不会只烧尽你,它同时也燃尽了自己。一切都应该成为灰烬,连灰烬都将燃尽。到那时,只有到那时,那终极的才会被领悟。

~

问:会不会有那样的时刻,连"什么是解脱"这样的问题也燃尽了?

答:若解脱已经达到,就不再有"什么是解脱"的问题,只有本觉的开放。

问:开放带来了惊奇吧?

答:开放就是惊奇。

～

开悟将开悟本身摧毁。只要你还能回顾自己,说:"我开悟了。"说明你就没有开悟。只有开悟之人消失,开悟才是真实的。哪怕表达为:"我是无体。"也属于夸大其词。

～

你终会抵达那样的直觉领悟,领悟到只有放下对自由的执着,你才会自由。你必须停止问自己"自由还在吗?""我对劲吗?"你必须决心再也不回顾自己,看自己是不是自由,看人家是不是知道你是自由的。你只能让自己燃烧,不管是为什么燃烧。

这是我无法帮你的。我可以告诉你该做什么,可是你得去做啊。开始的阶段,老师的教导会很有帮助。但你走得越深,老师能做的就只是指点、解释、告诉你应该做什么。而迈步的是你自己。没人能将你推到这里。

就像佛陀在菩提树下的最后一夜。面对一切他是怎么做的？他坐下，坐在地上，说："不离此座。"一切翻江倒海的都如疾风暴雨，该倾泻的都倾泻在心头上，他坚如磐石，最终，他完成了。他再也没有回顾过。

～

在觉醒前，

在知道你是谁之前，

千言万语和数不清的灵性体验都不够。

觉醒之后，

一个字，已经太多。

第十章
弟子和老师的关系

～

渴望是自由的种子。

弟子是土壤,老师是雨水。

解脱是收获。

～

当你真正地让老师进入你的内心，老师将时时刻刻和你在一起，哪怕你们形式上并没有待在一块儿。老师会一直临在，源源不断地给出教诲。这就是所谓的传心。一旦你让这样的传递进来，一切都会自然发生，可是你必须信任它，而不是去信任你的心智，你的恐惧。

～

问：在我们生命中，灵性老师的角色是什么？
答：老师就是他自己。老师教的正是他自己。真正的灵性老师，是极其罕见的什么角色都不扮演的人。
问：那修行弟子的角色是什么呢？
答：修行弟子的角色是寻求此角色的消亡，越快越好。

～

不要只是听我说话；要在你的内心感受。

感受我说的话是最重要的。

通过感受，你才能超越。

问：对老师，会有尊重和信任，但也有可能变成强迫自己相信老师不会错的，这其中的界限在哪里？

答：别去勉强自己认为老师不可能错。这是不成熟的投射，追寻者以此来躲避自己的责任。一个人绝不应该放弃自己的理性判断，如果他丢掉，那是他自己的错。成熟的尊重和信任是赢得的。如果弟子那么容易就给出自己的尊重和信任，那不单是幼稚，更是危险。这是个信号，表明弟子要的根本不是真理，他要的实际上是父亲或是母亲，总之，他需要一个人告诉他们该干什么，来缓解他因不知道真相到底是什么而产生的不安全感。

～

问：我觉得某种程度的投射是不可避免的，哪怕在最有担当的弟子身上也会发生。对此除了要觉知到之外，还有什么是弟子应该注意的？

答：首先，弟子应该在老师的帮助下意识到这一点，觉察到投射。许多弟子都不喜欢老师指出这一点，因为这样会夺去他们最珍爱的幻象，让他们在不安全感中无依无靠。所以首先，你一定要开放，要看到投射就是投射。一个真正的老师不会出于任何理由去有意利用投射。如果弟子坚持投射，觉得有暂时性的作用，那是他自己的事。真正的老师只是他 / 她自己，不会参与到投射游戏中。你会发现，真正的老师，不管你对他 / 她有投射还是没有投射，都不会改变他们对你的行为方式。如果他们跟着你的投射变化，那我要告诉你，离他们越远越好。

〜

不要从灵性老师那儿找舒适；

要找的只有真相。

〜

许多人来萨桑，只是坐在那里呆呆地听我说。我应该给他们爆米花、可乐，再塞给他们电影票。看电影便宜多了，座位也舒服多了。

问：那我们为什么要来萨桑？

答：因为你的心想要被击开，你的心智想要粉碎，你想在自由中死去。

～

问：拉马纳的许多教导都在沉默中，我意识到你也在以这样的方式教导我，以一种无言之教传入我心。可是，言语在帮助我心智的理解上还是很重要的。你能评价一下沉默之教和言语之教吗？

答：言语是为了引导你，更深刻地导向关于你自身的真理，言语也提供了一个智性的环境，让心智得以放松。让心智放松，是一切言语之教的终极目的。无言之教是由临在带来的，从静默中升起，有可能有言语，也有可能没有言语。沉默之教是最有威力、最深刻的教导，也会越来越深入静默中。要跟随一位老师，首先是将老师的临在内化，将教导置于你的内在。最终，你与内心中临在的老师融合，成为同一个。只有那样，你才能真实地感受到老师的临在就是你自己的自性。一味地执着在老师的具体样子上，或者将你对老师所持有的形象内化，是没有必要的，甚至是不明智的。我所说的是老师的临在，它让你超越自身，见到自性。

～

问：弟子如何才能最有效地从老师那里得益，以至最快、最彻底地消融自我？

答：老师不只是站在你面前的这个人。那只是老师的形式。那个让"老师"这个形式活起来的是老师的真实自性。要知道你的老师不是被称作"老师"的形体，是激活那个形体的东西。那是什么？

要善用这样的"老师"，找到那让一切都活起来，包括让你也活起来的终极真理。然后，看到那终极真理就是你的自性，万法的自性。

～

问：完全消除投射后，我们该怎样表达纯粹的奉献呢？

答：纯粹的奉献没有投射，否则就是奉献给了臆想、幻影。若这样就谈不上奉献，而是拜神。只有把一尊神竖在高于你的地位，你才会拜它。这完全是无知，会造成更深的分离。奉献，出自对整体、合一的直觉。合一是伟大的奉献和伟大的爱的源头。可是如果你的奉献让你感到和你的奉献对象分离，你就落入了无知的拜神中。

~

在我出生之时，我决定舍弃一切权力，
这样我就能让众生看见，仅凭爱去生活是何种情形。

~

问：我听说过很多老师对弟子的以心传心。在几乎所有的传统里，都有这样的情形。传心到底什么意思？它传递的到底是什么？

答：一个真正的老师，打开的是你心中的空间。如果你将注意力从其他一切东西上收回来，融入这个空间，你就会觉醒,成为那意识。这个空间是老师真正的赐予,那是敞开的门,可是你得穿过它,向你内在的,老师点醒的空间臣服。真正的老师传递的是空性,那是唯一要你臣服的,你会见到存在的无限圆满。

～

问:要领悟我是谁,老师的传心起了多大的作用?

答:老师说的一切言语,都是为了让心智足够放松,然后传心才有可能发生。传心就是教导,那是薪火相继。当传递的火苗足够点燃你的灵魂,那就是领悟自性。

问:传心是什么?

答:传心难以言喻。它无法由老师来控制、掌握,甚至都没法去期望。它是自然发生的。它有它自己的智慧,深不可测。

问:就是神通力吗?

答:不,神通只是灵性糖果。许多追寻者都迷恋老师的神通,老师的能量。可是真正的传心不是体验,不是情感,也不是状态。

~

> 真挚的弟子会找到真挚的老师,
> 真挚的老师也会发现真挚的弟子。
> 这两者有如盒子和盖子,会共同出现。

~

问:有些弟子和老师讨价还价,这个很有意思,他们希望老师这样做、那样反应,希望老师做出某种样子。

答:真正的老师不会讨价还价。真正的老师展现的是最高真相,那是他/她唯一关心的。通过老师对真相的反映,弟子有机会看到他们自己在怎样和真相讨价还价。要自由,一切讨价还价都必须结束。

~

问:觉醒是非个人性的,要觉醒,应该以怎样的态度对待真正的老师才是最有效的？

答：正确的态度是你知道没有时间可浪费。一切都指向当下。正确的态度是，没有所谓明天会开悟一说。明天永远不会来。就在此刻。你一定要真挚。真挚、诚恳是最有效的态度。

～

问：人怎么能知道自己遇见了老师？怎么知道那就是他们命中的老师呢？

答：你的心智永远无法告诉你你是否遇见了老师。那是直觉。你就是知道，超越任何感觉和情感。你就是知道："是了，这个就是。"你一旦发现你的老师，那个发现是超越时间的。那不是说它将会持续一生。真正的老师结束了你对时间的幻觉，明天不会在你的考虑中。真正的弟子不因忠诚、义务和老师联结，而是因爱和尊敬与老师联结。

问：对老师的忠诚会起不好的作用？

答：真正的老师不需要弟子的忠诚。忠诚是爱、信任、尊敬的替代品。要是没有这些，根本不必追随某个老师。忠诚一钱不值。

问：对弟子也没什么好处？

答：弟子不需要忠诚；他们应该诚恳、真挚而且有勇气。你知道什么东西对你最好，那才是真正的老师想要的。

～

问：大多数弟子都觉得老师比自己更觉醒，更有觉知。既然有这样的想法，弟子怎么可能不依赖老师，不围绕着老师呢？

答：老师和弟子的关系就是要扫除这样的幻觉。大多数弟子在老师跟前都有依赖性，此乃常情。可是，如果老师和弟子的关系是建立在这样的基础上，它注定会失败，就像孩子依赖自己的母亲。但孩子会长大，会脱离依赖，弟子也应该一开始就努力成长，脱离对老师的依赖。这是非常敏感微妙的历程，需要极其真挚的弟子，极其清明的老师。

∼

对那不可知的神秘我完全一无所知。
如果你想知道点什么，
那就到别处去。
如果你想把一切知道扔下，
那就坐下，且听我说。

你身体里的寂静，
是知识分崩离析的声音。
记住，是你说的：
"我想自由。"

第十一章
关系

∼

真正的关系并不发生在两个或多个实体间。

关系，是合一自己在起舞。

∼

当我们思考关系这一主题时，很重要的一点是我们不要把关系局限于人与人之间，而应该放到更大的范围之下，包括我们和生活的关系。从自我那有限的视角看，关系永远发生在客体之间，发生在个人化的"我"和除我之外的事物之间。通常人们都从这个视角出发，来猜测觉悟了的关系是什么情形。然而，要想知道觉悟了的关系究竟怎样，就必须先质疑自我认定的现实：我是个分离实体。因为只要我们还感觉自己是个分离的自我，就绝无可能与他人和整个生活建立觉悟了的关系。

～

问：当我思考我和生活之间的关系时，我发现我想逃避日常生活的种种困难。我想如果我开悟的话，生活就会变得容易。

答：如果你想自由，就不能躲避任何东西。许多灵性追寻者都把修行当成逃避手段，让他们不用面对自己的许多问题。可是只要你在逃避，你就没有活在真相中。你就在逃避真相。没有人能通过逃避真相来开悟。

如果你想要自由，你就必须如实面对自己，面对你的生活。别用灵性或灵性体验来当避难所。只要你还不愿面对你的某些部分，逃避生活，那么哪怕极深刻的灵性体验和领悟都无法带给你真正的效果。不要只顾超脱生活，要领悟到你就是生活的一切。你就是生活本身。

问：我们和灵性体验的正确关系是什么？

答：说到灵性体验，关键要看你和它产生了怎样的联系。两个拥有同样深刻的灵性体验的人，可能会有截然不同的结果。一个可能会自由，另一个可能抓住旧的习气不放，无法从预设、执迷、自我中解脱。这一切都取决于你是否做好准备，愿意无所保留地进入不可知，成为那珍贵的、不可思议的，愿意那样去活。该问的问题是：当上帝敲响你的门，你是否准备好舍弃一切？完全舍弃，向神全然的臣服，这决定了你最终会有多少自由。但凡有所保留，即成困住你的牢狱。我的建议是,当恩典来临,将你的心灵、心智、身体、灵魂全部交付给它。现在就问你自己:我准备好了吗?

~

我们对他人的执迷、厌恶以及依赖,为的是满足自己的情感和心理索求,想要真正的自由,就必须真的愿意从这一切中脱离出来。对许多追寻者而言,这是十足困难的挑战。

~

问:在亲密关系中,是否会有诚心诚意支持对方追寻自由的情况出现?

答:你说"支持",如果支持的意思是指"鼓励对方的自由",那这就是建立在真相中的关系的本质。可是,许多人在关系中寻求的支持,实际只是在找补偿,补偿他们自己对真相的不够诚挚,不够投入。这其实是依赖,不是支持，许多灵性追寻者都在要求伴侣给他们支持，因为他们无法自己撑住自己。从真相角度而言，支持更像是伸出的手，如果对方愿意，就可以将手掌打开。支持不是补偿。

～

建立于真相上的关系，是脱离了一切依赖与索求的关系，这样的关系以欢庆为核心。彼此走到一起，不为任何理由，就为在一起。

～

深深地参问这个问题："谁是他者？"这会导向直接的体验，体验到他者就是我们自己的自性，也就是说，实际上并没有他者。然而，我看到对绝大多数追寻者来说，甚至这样体证式的领悟都不足以产生转化，使他们脱离充满痛苦的个人性的关系模式。

体验到没有他者，本身就带有极强的作用性，要发生重大的转化，就必须深深地进入到体证所发生的作用里。

可是在作用得以发生的日常生活中，大多数追寻者都失败了。为什么会这样？最根本的原因是绝大多数人都想要保持分离状态，想要掌控。说白了，大多数人都想要做梦，认为他们是特别的、独一无二的分离的个体。他们想待在分离感中，不想觉醒，不想活在不可知那完美的整体中，那里没有任何余地给任何分离出去的东西。

～

只要你觉得有谁正在妨碍你，你就没有对自己的解脱负起完全的责任。解脱，意味着你不再对他人、对生活提出要求来让你快活。如果你发现你本身就是自由，你就不会再设置任何条件和要求，认为只有满足了这些条件才会快乐。只有在完完全全舍弃一切条件和要求的时候，你才会发现你就是解脱。到那时，爱和智慧从你那里流出，带着解脱他人的力量。

~

问：我们不是有责任互相袒露缺点，互相帮助成长，看到彼此的盲点吗？

答：许多人觉得关系的目的是解决他们俩的那摊子事儿，我不认为这是关系的目的。我认为，解决你的问题是你自己的事，不是关系的事。你解决好你自己，找寻自由，找到爱，是独自一人的事，那是你自己的担当。这一点要是清晰了，关系就会如花朵一般盛开。要是还没明白这一点，那你俩永远在利用彼此解决自己的烂事儿，你们就成了一对工具：我来找出你的垃圾，你来整理我的破烂，然后大家都假装这是多么有意义的事啊。

~

觉醒，见到那一体的真相，意味着从个人性的自我和个人性的他者的梦境中醒来，领悟到没有他者。许多灵性追寻者都曾瞥见过万物一体的绝对实相，但是没有几个能够,甚至愿意,活出那样的领悟,活出领悟实在是困难重重。万物一体,没有他者,这是领悟到的终极本质:一切看起来如此个人性,实际本质却是非个人性的。将这样的领悟作用到个人关系上,对绝大多数追寻者而言都是最大的挑战。这就是为什么那么多的追寻者都无法圆满,无法安住在终极自性的自由中的最重要的原因。

~

问:我刚和我的一个朋友谈过,她非常抑郁,我认为我帮她处理得很好,我当时觉得挺高兴的。可是现在,我注意到我的心又累又空。

答:你认为抑郁是个问题吗?

问:是的,我觉得对她而言是个问题。

答:对这些个人处境,真相的感受是相当客观的,因为真相只找寻真相。它不会管感觉好不好,它只找寻自己。

问:我觉得我处理的方式和你的应该一样,可是在你那里,一切都毫无滞留地过去了,而我却有挂碍,不然我不会觉得心像被掏空了一样。

答：我毫无挂碍，是因为我知道没什么问题，我也没想在帮助别人这件事上得到任何结果。

问：可是你还是会去帮他的啊。

答：我的回应并不出于帮助他人的动机，而是出于自性。自性会寻找真相。自性就是真相，而真相寻找自己。

当你和他人互动时，动机是最重要的。如果动机是真相，它就是干净的，你不会觉得被消耗了。否则，不管你是否意识到，如果动机不是出于真相，而是出于要帮助某人，就会有黏稠的感觉，让你觉得耗神。回看自己的动机，它干净吗？它不执着吗？

问：既然我现在感觉这么累，它一定不干净。肯定有执着在其中。

答：你对结果的要求就是执着。如果你不把个人加在上头，期望着得到一个结果，你是不会累的。

~

问:僧伽(灵性团体)的角色是什么?

答:我不认为僧伽要扮演什么角色。我想那是在僧伽的头上安上本不属于它的东西。

问:那么灵性追寻者和僧伽的关系是什么呢?

答:不管是和灵性团体,还是和单独个体,在关系中都能发现自由,比个体更广大的东西从自由中诞生。我所说的是一种因为真相的临在而缔结的亲密。这样的亲密至为深厚,可以成为通向体验合一的舟筏。对有些人而言,这种程度的亲密无比积极,超过信仰的作用;对另一些人来说,它会成为误解和恐惧的原因。真正的亲密永远会威胁到分离自我。

~

问:我怎样才能避免让我的孩子重蹈认同个体自我之苦呢?

答：这不是什么问题，就像孩童时期不是问题一样。当我们长大成人，我们不会说："哇，当小孩的时候真是浪费生命啊！"我们长大了，不再是孩子了，不过我们不会把这个成长阶段看成是个错误。个体自我不是我们的敌人，只是我们走过的阶段，我们长出了它的范围。不幸的是，没几个人成长出了分离自我的阶段。时机成熟的时候，你的孩子自会质疑"我"的感觉。你应该自己对这个疑问保持敞开，让它鲜明生动，以此来让这个疑问对你的孩子敞开。

～

问：你曾经说过第三个实体，就是"关系"。你能说一说那是什么吗？

答：第三个实体就是合一，当关系双方建立的是无私的关系，合一就闪耀出光辉。关系不再是关注的首要焦点，而是合一在每一个时刻散发芬芳。真实的关系不仅散发出合一气息，更是完全交付于它。所以当你们真正相遇，闪耀的是同一个本质之光。

问：在较大的团体中，我发现有一种共同的味道，表现在不同的小组中，你说的是这样的体验吗？

答：当我说"合一"，我不是在说一群人共有的共同的味道。我说的是感受到他者就是我自己，是由这个感受而生发的喜悦和爱。

～

问：开悟会如何影响浪漫关系中的性，以及自身的性欲呢？

答：随着开悟的进程，不管你有性生活还是没有，性都不再是关系中的关注中心。合一才是焦点，性事有可能继续，也有可能没有，看双方亲密的程度。我们不会再拿性来定义关系。

～

问：我们是不是都会遇到命中注定的人？

答：如果你命中注定会和某人在一起，你就会。何必去多问呢?

问:我这样问,是为了给自己希望。

答:不要把你的幸福系在别人身上。你自己就充满了快乐。去看你失望的深处,找到你的源头。找到你的自性,然后一切都安然了。

～

问:我和一位老师非常合拍,感觉到内在的连结。然后,毫无防备地,禁欲自己发生了。这是逃避关系,逃避性欲吗?后来,又突然有了生理上的冲动,那是不是代表我又突然离开了爱?离开了爱的圆满?

答:每样事物都有它的时间和位置。有时候你自然会禁欲,有时候你自然会解禁。这些都有它自己的因缘,不必去评判。一个人禁不禁欲完全不说明任何问题。既不要抗拒,也不要沉溺。这是最好的做法。

~

问：我很好奇，对于人类和地球环境的关系，你会怎么说？

答：环境的希望不在环保主义者的手中。环保主义者是环境破坏者的对立一极。他们有着和破坏者一样的罪过，因为他们继续着同样的暴力，正是这暴力是我们毁灭环境的根源。环境的希望在于领悟一切众生及万物都是你自己，包括那些反对你的。除非你的心胸和慈悲足够大，大到能容纳那些反对你的，否则你不过是在给毁灭火上浇油。结束分离，是一切的救赎。

第十二章
质疑的勇气

∼

将问题问至骨髓,
直到问题消失——
那曾经坚固无比的幻象,叫作"我"
化作轻风散去。

∼

许多人来到灵性老师身边，带着一大堆隐藏的信念、观念和论断，无意识地寻求肯定。就算他们愿意质疑这些信念，也会立刻用更新、更灵性的概念来代替这些旧的，觉得新概念要比老概念真实得多。

经常，那些拥有过深刻的灵性体验，在心智之外觉醒过的人，也会继续抓住迷信的观念和信念不放。这是无意识的努力，想要保住安全感，由所知、所接受、所预见的体验带来的安全感。对安全感的抓取会以各种内在外在的形式限制开悟的视角，维持内心的分裂状态，这是一切痛苦和困惑的根源。要想全面觉醒，了知你就是觉醒本身，你必须渴求真相，超过你对安全感的需求。

我开始教学后不久，就发现几乎每一个来找我的人都带了大量的迷信观念和信念，扭曲了他们的感知，限制了他们参问的范围。最让我吃惊的，是发现那些有过深刻灵性体验和觉醒的人也固着在迷信的观念、信念上，极大地限制了他们体验的深入以及觉醒的表现。随着时间的推移，我开始明白对追寻者而言，找到足够的勇气去质疑是多么不容易。我们是谁？世界是什么？他人是什么？甚至开悟的性质为何？对这一切我们都有各种观念和信念，质疑全部或哪怕部分，其间发生的挣扎实在曲折微妙，一言难尽。

几乎在每一个人身上，在每一种宗教，每一个群体，每一种教诲，每一位老师那里，都有或隐或现的未被公开质疑过的观念、信念和论断。通常迷信就藏在这些未曾被质疑的信念中，维护着一些不真实的、矛盾的东西，或者为其教导和言行中不那么开悟的部分进行粉饰，自圆其说。

开悟不在于瞥见觉醒状态，甚至不在于能持续不断地体验自性。开悟，是你自身要成为它，以你在世间行走的姿态呈现它。要如此，你必须从一切迷信的信念中走出来，不再藏身其中，找到勇气去质疑一切。否则，你永远会抓住迷信，扭曲你的感知，无法呈现永恒清醒的**那**。

～

没有任何信念和概念是真实的。

将它们抛下,

让寂静的火焰将你燃烧,

醒来。

～

图书在版编目（CIP）数据

觉醒之光 /（美）阿迪亚香提著；雅桐译 .-- 北京：中国青年出版社，2016.9

书名原文：The Impact of Awakening

ISBN：978-7-5153-4507-9

I. ①觉… II. ①阿… ②…雅 III. ①禅宗 - 人生哲学 - 通俗读物 IV. ① B946.5-49

中国版本图书馆 CIP 数据核字（2016）第 256901 号

The Impact of Awakening

Copyright © 2000, 2013 Adyashanti. This translation published by exclusive license from Sounds True, Inc. on behalf of Open Gate Sangha.
All Rights Reserved.

中文简体字版权 © 中国青年出版社 2016

北京市版权局著作权登记号：图字 01-2015-2947

版权所有，翻印必究

觉醒之光

作　　者：[美] 阿迪亚香提 / 著
译　　者：雅　桐
责任编辑：吕　娜
出版发行：中国青年出版社
经　　销：新华书店
印　　刷：三河市少明印务有限公司
开　　本：787×1092 1/32 开
版　　次：2021 年 10 月北京第 2 版　2021 年 10 月河北第 1 次印刷
印　　张：6
字　　数：82 千字
定　　价：39.00 元

中国青年出版社　网址：www.cyp.com.cn
地址：北京市东城区东四 12 条 21 号
电话：010-65050585（编辑部）